मास मीडिया और समाज

मनोहर श्याम जोशी

वाणी प्रकाशन

वाणी प्रकाशन
4695, 21-ए, दरियागंज, नयी दिल्ली 110 002

शाखा
अशोक राजपथ, पटना 800 004

फ़ोन: +91 11 23273167 फ़ैक्स: +91 11 23275710

www.vaniprakashan.in
vaniprakashan@gmail.com

MASS MEDIA AUR SAMAJ
by Manohar Shyam Joshi

ISBN : 978-93-5072-699-0
Media

प्रथम संस्करण
मूल्य : ₹ 250

हर्ष प्रिंटर्स, दिल्ली-110 093 में मुद्रित

वाणी प्रकाशन का लोगो मक़बूल फ़िदा हुसेन की कूची से

भूमिका

जोशी जी ने जनसंचार के सभी माध्यमों के लिए प्रमुखता से काम किया। 1950 के दशक में उन्होंने रेडियो माध्यम के लिए जमकर काम किया। उस दौर में रेडियो को जनसंचार का सबसे लोकप्रिय माध्यम माना जाता था। 1960 के दशक में कुछ समय सूचना सेवा में काम करने के बाद वे अज्ञेय के सम्पादन में शुरू हुई हिन्दी की पहली समाचार पत्रिका 'दिनमान' से जुड़े। बाद में जोशी जी ने करीब 15 साल हिन्दी की एक बेहद लोकप्रिय सामाजिक पत्रिका 'साप्ताहिक हिन्दुस्तान' के सम्पादक के रूप में हिन्दी पत्रकारिता को नये आयाम दिये, जिसमें बौद्धिकता के साथ लोकप्रियता का समावेश होता था।

1980 के दशक में उनकी ख्याति 'हम लोग', 'बुनियाद' जैसे धारावाहिकों के लेखक के रूप में हुई। उनको भारतीय टेलीविजन के पिता के रूप में याद किया जाता है। आस-पड़ोस के जीवन को टेलीविजन के परदे पर उन्होंने अपनी कलम के माध्यम से यादगार चरित्रों के रूप में अमर बना दिया।

इस पुस्तक के लेखों का महत्त्व इसी सन्दर्भ में समझा जा सकता है। मीडिया की भूमिका, समाज पर उसके प्रभाव-कुप्रभावों, विकास के साथ उसका रिश्ता आदि विषयों को लेकर समय-समय पर उन्होंने कुछ महत्त्वपूर्ण टिप्पणियाँ कीं, जिनको इस पुस्तक में एकत्र किया गया है। जिससे मीडिया के समकालीन अध्येताओं को उसकी पृष्ठभूमि, उसके वैचारिक पहलुओं के बारे में उनके विचारों से अवगत होने का मौका मिलेगा। इस मीडिया आच्छादित समय में मीडिया को लेकर कुछ ठहरकर सोचने को मजबूर करते इन लेखों को पढ़कर यह महसूस होता है कि वे इस समाज में मीडिया की बढ़ती भूमिका को लेकर कितनी गहराई से सोचते थे, महसूस करते थे।

–भगवती जोशी

अनुक्रम

बौद्धिक सम्पदा के सर्वाधिकार : एक निवेदन

बौद्धिक सम्पदा उर्फ इंटेलेक्चुअल प्रॉपर्टी पर सर्वाधिकार उर्फ कॉपीराइट की समस्या ने इधर सारे संसार का ध्यान खींचा है तो इसलिए कि उद्योग-धन्धों के क्षेत्र में 'बुद्धि' का महत्त्व 'पूँजी' से कहीं अधिक हो चला है, बल्कि यहाँ तक कहा जा सकता है कि बुद्धि ही अब असली पूँजी हो चली है। फिर शो बिजनेस उर्फ मनोरंजन उद्योग में तो शुरू से ही बुद्धि का बहुत महत्त्व रहा है। फिल्म और टी.वी. जगत् में मुझ जैसे लेखकों को अक्सर यह सुनने को मिलता है कि आपके पास कोई नया 'आइडिया' हो तो बताइए, 'आइडिया'। विचार या 'कन्सैप्ट' (अवधारणा) ही वह चीज है जिसकी बुनियाद पर कोई नयी फिल्म या नया टी.वी. कार्यक्रम तैयार हो पाता है।

तो जैसा कि मैंने एक बार लिखा था—शो बिजनेस में लोग-बाग आइडिया की ही खाते हैं यानी शो बिजनेस में आइडिया ही सबसे बड़ी सम्पदा है। अफसोस कि इस सम्पदा की सुरक्षा के लिए हमारे यहाँ कानून या स्वयं शो बिजनेस बिरादरी द्वारा स्थापित कोई व्यवस्था नहीं है। यही नहीं, इस सम्बन्ध में अदालतों से कोई स्पष्ट निर्देश भी नहीं मिले हैं। सारा काम आपसी भरोसे पर चलता आया है। उदाहरण के लिए अगर मैं लेखक की हैसियत से किसी निर्माण कम्पनी या किसी चैनल को अपना कोई आइडिया सुनाता हूँ तो मैं यह मानकर चलता हूँ कि अगर उसे मेरी अवधारणा पसन्द आयी तो वह मुझे आइडिया विकसित करने या उस पर पटकथा लिखने के लिए पैसे देगी। मैं इस

बात की कल्पना भी नहीं कर सकता कि मेरा आइडिया सुन लेने के बाद वह किसी दूसरे लेखक से उस पर काम करवा लेगी।

इसी तरह अगर कोई निर्माता या चैनल अधिकारी मुझे बुलाता है और अपना 'आइडिया' सुनाता है कि हम आपसे इस पर काम करवाना चाहते हैं तो वह यही उम्मीद करता है कि अगर मैंने आइडिया न जमने पर या प्रस्तावित पारिश्रमिक कम लगने पर काम करना अस्वीकार किया तो मैं उस आइडिया को किसी अन्य निर्माता या चैनल को नहीं सुनाऊँगा। इस तरह का आपसी भरोसा इसलिए जरूरी माना जाता रहा है कि इसके अभाव में न आइडिया सुने जा सकते हैं न सुनाये जा सकते हैं, और आइडिया सुने-सुनाये बगैर मनोरंजन उद्योग का काम ही नहीं चल सकता।

अफसोस कि हमारे यहाँ 'आइडिया' रजिस्टर करा सकने की कोई व्यवस्था नहीं है, अगर आप किसी चैनल को बहैसियत निर्माता या लेखक कोई प्रस्ताव उसके माँगने पर भी भेजते हैं तो हद से हद आपको प्राप्ति-स्वीकार की चिट्ठी मिल जाती है जिसमें अक्सर यह लिखा होता है कि आपका प्रस्ताव हमें मिला और हमारे रजिस्टर पर उसकी संख्या अमुक-अमुक है। लेकिन वह कहीं यह लिखकर नहीं देतीं कि इस प्रस्ताव में निहित 'आइडिया' पर हम आपका कॉपीराइट मानते हैं इसलिए न स्वयं उसका उल्लंघन करेंगे न किसी को करने देंगे। 'करने देंगे' का मुद्दा मैं इसलिए उठा रहा हूँ कि चैनलों में प्रस्तावों का जो अम्बार लगता है उससे निपटने का काम कई अधिकारी करते हैं और ये अधिकारी अक्सर इस चैनल को छोड़कर उस चैनल में चले जाते हैं। तो ऐसा भी हो सकता है कि किसी चैनल को दिया हुआ आपका आइडिया बाद में किसी दूसरी चैनल पर फलता-फूलता नज़र आये।

हमारे यहाँ शो बिजनेस से जुड़ी विभिन्न बिरादरियों की अपनी जो संस्थाएँ हैं उनमें इतनी कानूनी या आर्थिक ताकत नहीं है कि कोई आचार-संहिता लागू कर पायें या किसी समझौते अथवा करार का पालन करवा पायें। अब जैसे यही लीजिए कि बम्बई में कहने को फिल्म और टी.वी. लेखकों का एक अपना संगठन है लेकिन आइडिया का महत्त्व जानते हुए भी यह संगठन केवल कहानी या पटकथा रजिस्टर करता है, 'आइडिया' नहीं। और अगर करता भी होता तो न वह इतना सक्रिय है और न इतना शक्तिशाली कि किसी सदस्य की ओर से कोई लम्बी

कानूनी लड़ाई लड़ सके अथवा किसी निर्माता को बहिष्कार की धमकी से डरा सके।

विकसित देशों में शो बिजनेस वालों ने आइडिया पर सर्वाधिकार का आदर करने की स्वस्थ परम्परा डाल ली है। हालैंड की एक बहुत छोटी सी कम्पनी ने 'बिग ब्रदर' नामक एक कार्यक्रम बनाया था जिसमें 16 व्यक्तियों को किसी निर्जन स्थल पर रख दिया गया था और शेष दुनिया से उनका सम्पर्क काट दिया गया था। उनके आपसी व्यापार को कई-कई टी.वी. कैमराओं से अंकित किया गया था और उसके आधार पर हफ्ते में एक आदमी को कार्यक्रम से बाहर कर देने की व्यवस्था थी। जो व्यक्ति अन्त तक बचा रहा उसे बहुत बड़ा इनाम देने की व्यवस्था रखी थी। बाद में जब एक बहुत बड़े अमेरिकी चैनल ने 'बिग ब्रदर' से प्रेरित होकर 'सर्वाइवर' नामक कार्यक्रम बनाया तो उसने बिग ब्रदर के निर्माताओं को लाइसेंस शुल्क दिया हालाँकि उसका कार्यक्रम बिग ब्रदर से थोड़ा भिन्न था। कहने का मतलब यह है कि विकसित देशों में नकल करके कुछ बनाने वाले तक आइडिया-चोरी के इल्जाम से बचने के लिए अपने से पहले उसी तरह का कार्यक्रम बना चुकी कम्पनी या चैनल को लाइसेंस-फीस देना जरूरी समझ रहे हैं। लेकिन हमारे यहाँ पिछले दिनों आइडिया-चोरी धड़ल्ले से चल निकली है। स्टार प्लस ने ब्रिटेन की एक कम्पनी को लाइसेंस फीस देकर 'कौन बनेगा करोड़पति?' बनाया तो कुछ अन्य चैनलों ने उसी आइडिया को चुराकर, उसी तरह के कार्यक्रम बना-दिखा डाले। अभी हाल में दैनिक 'टाइम्स ऑफ इंडिया' में पहले हमें यह सूचना दी कि दूरदर्शन से 'स्वयंवर' नामक कार्यक्रम होने वाला है जिसमें वधू टी.वी. कैमरा के सामने और एक बड़े अभिनेता की उपस्थिति में अपनी पसन्द का वर चुनेगी तो कुछ दिन बाद यह बताया कि सोनी नामक चैनल भी वैसा ही कार्यक्रम 'शुभ-विवाह' दिखाने वाला है।

स्वयंवर की सदियों से लुप्त और लगभग मिथकीय-पौराणिक हो चली परम्परा पर आधारित 'रियेलिटी टी.वी. शो' बनाना एक ऐसा मौलिक आइडिया है जो किसी को भी मालामाल कर सकता है। स्वयंवर कोई ऐसी आम चीज नहीं कि उसके आधार पर कार्यक्रम बनाने के बाद दो लोगों के मन में एक साथ उठ सके और दोनों ही यह तय पायें कि इस कार्यक्रम का संचालन फिल्म जगत के किसी नामी अभिनेता या अभिनेत्री से करवाना उचित रहेगा। निश्चय ही किसी ने किसी का

आइडिया चुराया है। किसी ने किसी की इंटेलेक्चुअल प्रॉपर्टी के कॉपीराइट का उल्लंघन करके उसे जबरदस्त आर्थिक क्षति पहुँचायी है।

शो बिजनेस से जुड़े हुए एक लेखक के रूप में मेरी यही कामना और प्रार्थना है कि 'स्वयंवर' बनाम 'शुभ-विवाह' के मामले की अदालत सुनवाई करे और अपना निर्णय सुनाये। इस तरह के निर्णय से शो बिजनेस को आगे के लिए निर्देश मिल सकेंगे और बौद्धिक सम्पदा का आदर करने की स्वस्थ परम्परा पड़ सकेगी।

छोटे पर्दे पर परम्परागत परिवार की वापसी

परम्परागत ढंग का भारतीय परिवार सास-बहू को लड़ाते हुए बहुत धूमधाम से हमारे छोटे पर्दे पर वापस आ गया है और कहानी घर-घर की घर-घर देखी जा रही है। निर्माता एकता कपूर अपने लेखकों को मद्रास में बनी पुरानी पारिवारिक फिल्में दिखा-दिखाकर कुछ वैसा ही लिख डालने के लिए प्रेरित कर रही हैं। उनका यह फार्मूला इतना सफल हुआ है कि आज उनकी कम्पनी के पास एक-दो नहीं पूरे 28 धारावाहिक बनाने के अनुबन्ध हैं। सम्पादक जी का आदेश हुआ है कि परम्परागत भारतीय परिवार को 'हम लोग' के जरिए पहली बार छोटे पर्दे पर उतारने वाले लेखक के रूप में पुराने ढंग की चीज के फिर फैशनेबल बन जाने पर कुछ टिप्पणी करूँ और बताऊँ कि 'हम लोग' या 'बुनियाद' के परिवारों के मुकाबले में मुझे इन नये धारावाहिकों के परिवार कैसे लगते हैं।

अपनी बात शुरू करने से पहले मैं एक सफाई दे देना बहुत जरूरी समझता हूँ। वह यह कि मैंने टी.वी. के लिए लिखा जरूर है लेकिन मैं टी.वी. का नियमित दर्शक कभी नहीं रहा हूँ। इसलिए मैं वर्तमान धारावाहिकों के बारे में कोई विस्तृत टिप्पणी करने की स्थिति में नहीं हूँ। इसके बाद सबसे पहले मैं यह कहना चाहूँगा कि टी.वी. का सोप ऑपेरा शुरू से पारिवारिकता परोसकर ही प्रायोजक के विज्ञापनों के लिए दर्शक जुटाता रहा है। इसलिए परिवार ही छोटे पर्दे के हर सफल धारावाहिक का आधार साबित होता रहा है। क्योंकि हम एक ऐसे देश में रहते हैं

जिसका नाम संविधान में ही भारत दैट इज़ इंडिया दिया गया है इसलिए यह सवाल उठ सकता है और उठाया जाता भी है कि धारावाहिक का परिवार परम्परागत भारतीय ढंग का हो या आधुनिक पश्चिमी रंग का। विज्ञापन और विक्रय के जो विशेषज्ञ प्रायोजकों को सलाह देते हैं वे लगभग सभी इंडिया के बाशिंदे होते हैं, भारत के नहीं।

यही वजह है कि वे शुरू से ही गरीब या परम्परा-प्रेमी भारतीय परिवार को किसी धारावाहिक का आधार बनाने में उत्साही नहीं रहे हैं। 'हम लोग' के प्रायोजक 'नेस्ली' के विशेषज्ञों ने अपना माथा पीटते हुए मुझ लेखक को लताड़ा था कि हम तो 'मेगी नूडल्स'-जैसा एक 'अप मार्केट' (अमीरों के मतलब का) प्रोडक्ट बेचने की कोशिश में लगे हैं और आप 'डाउन मार्केट' (गरीब) परिवार दिखा रहे हैं। मेहरबानी करके कहानी को जल्दी से जल्दी जनता फ़्लैट से हटाकर अमीरों के मुहल्ले में ले जाइए। लेकिन जब 'डाउन मार्केट' परिवार की कहानी ही 'मेगी नूडल्स' को, जो न सिर्फ 'अप मार्केट' था बल्कि जिसका स्वाद औसत भारतीय के लिए अजीब भी था, लोकप्रिय बना गयी तब वे भी भारतीयता के अधूरे मन से कायल हो चले। परम्परागत ढंग से भारतीय परिवार छोटे पर्दे पर छाने लगे। लेकिन तभी दूरदर्शन के मुकाबले में उतरे ज़ीटी.वी. ने अपने शहरी दर्शकों को ध्यान में रखते हुए और अपनी अलग छवि बनाने के लिए अपने 'तारा' और 'कैम्पस'-जैसे धारावाहिकों में आधुनिक ढंग के स्त्री-पुरुष और किशोर-किशोरियाँ दिखाने शुरू किये। सोनी टी.वी. इस मामले में ज़ीटी.वी. से भी एक हाथ और आगे बढ़ा। और शहरी दर्शकों में लोकप्रिय होने लगा। लिहाजा विशेषज्ञों ने फतवा दे दिया कि 'हम लोग'-टाइप परिवार दिखाने के दिन लद चुके हैं। अब तो मॉड परिवार दिखाने होंगे।

नया-नया मैदान में उतरा स्टार प्लस विशेषज्ञों के इस फतवे से इतना उत्साहित हुआ कि वह विदेशी सीरियल ही दिखाने लगा। सभी चैनल लेखकों का ध्यान सफल अमेरिकी सीरियलों की ओर दिलाने लगीं कि इनका-जैसा कुछ लिखिए ना। सभी धारावाहिक और कथानक आपस में लड़ते हुए अमीर परिवारों के इर्द-गिर्द घूमने लगे और सभी के पात्र आपस में हिंगलिश बोलने लगे। इस विडम्बना को क्या कहिए कि 'बॉड' को तिलांजलि देकर 'एथनिक' का चक्कर चलाने का फैसला भी स्टार ने ही किया क्योंकि विदेशी तेवर ज़ीटी.वी. से पार पाने में उसके

सहायक नहीं हुए। सभी चैनलों पर एक ही जैसे आधुनिक परिवारों को लेकर धारावाहिक दिखाये जा रहे थे लिहाजा स्टार के नये प्रबन्धकों ने भीड़ से अलग दिखने के लिए पीछे, बहुत पीछे जाने का फैसला किया। उसने फिल्मी ढंग के परम्परागत भारतीय परिवार की वापसी करा दी।

मेरे लिए दुःख का विषय है कि परम्परागत भारतीय परिवार दिखाने का फॉर्मूला अपनाने वाले एक निहायत ही नकली किस्म का परिवार दिखा रहे हैं जो किसी खास क्षेत्र या संस्कृति से जुड़ा हुआ नहीं है। यों तो सोप ऑपेरा के चरित्र और कथानक होते ही फॉर्मूलाबद्ध हैं लेकिन इन नये पारिवारिक धारावाहिकों में यह फॉर्मूलाबद्धता कुछ जरूरत से ज्यादा ही है। यही नहीं, इनमें आधुनिक जीवन-शैली लेकिन पुरानी विचारधारा का एक ऐसा मिश्रण भी किया जाता है जो कुल मिलाकर यथास्थितिवादी साबित होता है और आधुनिकता की तमाम चुनौतियों को नज़रअन्दाज कर जाता है।

नये फॉर्मूले के अनुसार अप मार्केट के मुरीद यह मानकर चल रहे हैं कि अप मार्केट इंडियन की परम्परागत परिवार और धर्म पुराण की कायल एक ठोस भारतीय 'डाउन साइड' भी है जिसका लाभ उठाया जाना चाहिए। काश कि वह उस परिवार की कुछ सुध लेते जो भारत और इंडिया के बीच में भटक रहा है और नयी चुनौतियों से अपने ही ढंग से जूझ रहा है। काश कि वह परम्परागत भारतीय परिवार की वापसी करवाने के लिए मद्रासी पारिवारिक फिल्मों के नायक रह चुके जितेन्द्र की बिटिया एकता की जगह किसी नीना गुप्ता को न्यौता देते।

'हम लोग' और हम लोग

दूरदर्शन पर 'हम लोग' का प्रसारण होने से पहले, प्रसारण के दौरान और प्रसारण के बाद जो कुछ हुआ, वह हम लोगों की विसंगतियों पर प्रकाश डालता है।

मैक्सिको में एक साहब हैं मिगएल साबिदो। अमेरिका से सम्प्रेषण-विद्या सीखे हुए हैं। मैक्सिको के टेलीविजन में काम करते हुए उन्होंने सोप ऑपेरा के माध्यम से सामाजिक उत्थान के सन्देश प्रसारित करने की एक पद्धति निकाली जिसे उनके अमेरिकी संरक्षक डेविड पाइंटडेक्स्टर ने बहुत उछाला। इस पद्धति के अनुसार समाजशास्त्रियों, धर्म-गुरुओं, शिक्षाविदों, मनोवैज्ञानिकों वगैरह से परामर्श कर के अच्छे और बुरे जीवन मूल्यों की सूची बनवा ली जाती है और उस सूची को ध्यान में रखकर सोप ऑपेरा लिखा जाता है। सोप ऑपेरा के बीच में और अन्त में किसी ऐसे व्यक्ति से नाटक में निहित सन्देश को रेखांकित किया जाता है जिसका समाज में बहुत नाम हो, आदर हो। कार्यक्रम के अन्त में पते और फोन नम्बर दिये जाते हैं ताकि किसी कष्ट, अत्याचार या बेरुखी का सामना करने वाले दर्शक चिट्ठी भेजकर या फोन करके अपना उद्धार करा सकने वाली सरकारी-गैर सरकारी एजेंसियों से सम्पर्क कर सकें।

जिस समय सन् 83 की शरद ऋतु में तत्कालीन सूचना और प्रसारण सचिव श्री एस.एस. गिल ने लेखकों और रंगकर्मियों की एक बैठक बुलायी थी, मैक्सिकोआर पद्धति को अपनाने के विषय में जबानी जमा-खर्च होते हुए पाँच साल बीत चुके थे। इस दौरान पाइंटडेक्स्टर कई

बार दिल्ली आ चुके थे और एक बार साबिदो को भी साथ लाकर वर्कशाप भी करवा चुके थे। यही नहीं सूचना प्रसारण तथा परिवार कल्याण दोनों मन्त्रालयों के अधिकारी इस गूढ़ातिगूढ़ पद्धति को समझने के लिए मैक्सिको के कई चक्कर लगा चुके थे। गिल साहब, जो मन्त्रालय में नये-नये आये थे, अपने 'तानाशाह' अन्दाज से फौरन इस तरह का कोई सोप ऑपेरा शुरू कराना चाहते थे। दुर्भाग्य से बुद्धिजीवियों की उस बैठक में उन्हें सन्देशमूलक धारावाहिक के लिए कहीं कोई उत्साह नजर नहीं आया। दो-एक लोगों ने ही उनके प्रस्ताव में रुचि दिखायी बाकी सब ने साहित्य और कलात्मक कार्यक्रम शुरू करने की माँग की।

एक तरह से इस बैठक से ही यह स्पष्ट हो गया कि बुद्धिजीवियों का, खासकर हिन्दी भाषी बुद्धिजीवियों का दूरदर्शन के प्रति यह दृष्टिकोण रहेगा कि वह उन्हें इस जनता क्लास माध्यम से अपनी हाई क्लास चीजें अपनी ही 'आधुनिक साहित्यिक' शर्तों पर प्रसारित करने दें, नहीं तो वे उसकी उपेक्षा करेंगे, विरोध करेंगे। इस बात की कोई गुंजाइश बनती नजर नहीं आयी कि बी.बी.सी. या टेलिविस्टा मैक्सिको की तरह बुद्धिजीवियों के सहयोग से दूरदर्शन मास-मीडिया की शर्तें पूरी करते हुए ऐसी सुरुचिपूर्ण चीजें प्रसारित कर सकेगा जो जनता का मनोरंजन, ज्ञानवर्द्धन कर सकेंगी। तो हमारे बुद्धिजीवी छोटे पर्दे पर किन्हीं खँडहरों या बगीचों के बीच टहलते हुए अपनी नयी कविता कवि-सम्मेलनी अन्दाज में सुनाकर अथवा किसी गुरु गम्भीर विषय पर परिचर्चा करके खुश होते रहे। टी.वी. के 'घटियापन' से उन्होंने अपने को मुक्त रखा और मास-मीडिया के लिए मास-मीडिया की शर्तों पर काम करने वालों को घटिया ठहराया। 'हम लोग' जैसा कार्यक्रम हमारे बुद्धिजीवियों की दृष्टि में कितना अनावश्यक था इसकी एक बानगी तब मिली जब मैक्सिको वाली पद्धति के अनुसार जीवन-मूल्य तय करने के बारे में प्रमुख समाजशास्त्रियों को चिट्ठी भेजी गयी। केवल श्यामाचरण दुबे ने उसका जवाब दिया और वह तब पहुँचा जब 'हम लोग' की शूटिंग शुरू हो चुकी थी।

गिल साहब कार्यक्रम तुरन्त शुरू कराना चाहते थे इसलिए उन्होंने दूरदर्शन के एक अधिकारी सतीश गर्ग को उसका कार्यकारी निर्माता नियुक्त कर दिया और मुझसे कहा कि गर्ग साहब के सहयोग से इस

कार्यक्रम के लिए पूरी यूनिट खड़ी करवा दूँ। उन्होंने मेरे लिए पहले आकाशवाणी भवन में और फिर मंडी हाउस में कमरा खुलवा दिया। एक बाहर वाले व्यक्ति को, और सो भी ऐसे व्यक्ति को जिसे दूरदर्शन के तत्कालीन अधिकारी आकाशवाणी के भूतपूर्व सहयोगी के रूप में अच्छी तरह जानते थे और कोई खास 'कस्तूरी' नहीं मानते थे, सचिव महोदय द्वारा इतना ज्यादा भाव दे दिया जाना मंडी हाउस में बहुत बुरा माना गया। 'हम लोग' के आयोजन से असहयोग का सिलसिला शुरू हुआ। कार्यकारी निर्माता सतीश गर्ग इस आयोजन के लिए रात-दिन उत्साह से काम करते रहे और शायद इसी के चलते बाद में उनके निलम्बन की नौबत आयी। जहाँ तक मेरा सवाल है, दूरदर्शन ने मुझे निर्माता के रूप में तो नहीं ही पनपने दिया।

उधर परिवार कल्याण मन्त्रालय को यह सख्त नागवार गुजरा कि गिल साहब ने हमारा सोप ऑपेरा एक ऐसे व्यक्ति को लिखने को दे दिया है जिसने मैक्सिको जाकर बाकायदा उस्ताद साबिदो से गंडा नहीं बँधवाया है। मन्त्रालय के एक अधिकारी ने फौरन मैक्सिको का टिकट कटवाया और मुझसे आकर कहा कि मेरे लौटने से पहले कुछ न लिखें। मैं मैक्सिको से आपके लिए आवश्यक निर्देश और हो सका तो यात्रा का निमंत्रण भी लेकर आऊँगा। 'तानाशाह' गिल साहब ने परिवार कल्याण मन्त्रालय की बात न खुद सुनी और न मुझे सुनने दी। उन्होंने कहा कि आप तो एक पारिवारिक धारावाहिक लिखें और उसमें समाज सुधार के सभी मुद्दे उठाएँ, केवल परिवार नियोजन ही नहीं। उन्होंने अपने वामपन्थी रुझान का परिचय देते हुए प्रस्तावित सोप ऑपेरा का नाम साम्यवादी जिया सरहदी की फिल्म 'हम लोग' पर रख दिया। अब अड़ंगा लगाया दूरदर्शन ने। कहा गया कि ऐसा कार्यक्रम बना सकने की स्टूडियो क्षमता हमारे पास नहीं है।

तब ऐसा लगने लगा कि 'हम लोग' को साल-दो साल के लिए स्थगित करना पड़ जाएगा। लेकिन गिल साहब ने फिर 'तानाशाही और मनमानी' का रास्ता अपना कर समाधान खोज लिया। दूरदर्शन से उन्होंने बाहरी निर्माताओं को जोड़ा और प्रायोजित कार्यक्रमों का सिलसिला चल निकला। दफ्तरशाही के तमाम तौर-तरीकों की अवहेलना करते हुए उन्होंने जाने-माने और कुशल लोगों को दूरदर्शन के लिए प्रायोजित कार्यक्रम बनाने के लिए स्वयं ही चिट्ठियाँ दे डालीं। गिल साहब की इस

'तानाशाही' से ही 'ये जो है जिन्दगी', 'महाभारत', 'नुक्कड़', 'रामायण', 'रजनी', 'कथासागर', जैसे अनेक श्रेष्ठ कार्यक्रम दूरदर्शन से प्रसारित हो सके। लेकिन तभी से बुद्धिजीवियों और दूरदर्शन अधिकारियों ने व्यावसायिकता और भ्रष्टाचार का शोर मचाना शुरू कर दिया। 'हम लोग' के बारे में मुझसे कई बार यह प्रश्न किया गया कि इसके माध्यम से कांग्रेस को कितना पैसा पहुँच रहा है? दबंग और ईमानदार अफसर के रूप में 'बदनाम' गिल साहब के बारे में भी यह कहा गया कि वह पैसे खा रहे हैं।

'हम लोग' का पायलट दिखाये जाने के दिन से ही यह स्पष्ट हो गया कि सोप ऑपेरा को लेकर दूरदर्शन और मन्त्रालय में जबरदस्त मतभेद है। दूरदर्शन वालों ने पायलट को व्यावसायिक कूड़ा ठहराया। परिवार कल्याण मन्त्रालय इस बारे में पूरी तरह सहमत हुआ। उसने तभी से मैक्सिको-पद्धति पर सही ढंग से सोप ऑपेरा बनाने की मुहिम छेड़ दी। इस सिलसिले में पाइंटडेक्स्टर जे.आर.डी. टाटा से मिलने पहुँचे। 'हम लोग' की टक्कर में 'हमराही' बनवाने के लिए उनसे अनुदान प्राप्त किया। इसे विडम्बना ही कहा जाएगा कि बरसों बाद, कई और लोगों को जिनमें एक लेखक भी शामिल था, 'हमराही' लिखने का काम भी इस नाचीज को सौंपा गया और उसने पाया कि 'हम लोग' की तरह 'हमराही' में भी मैक्सिको वाली पद्धति पूरी तरह से अपनाने के लिए न निर्माता प्रस्तुत हैं, न दूरदर्शन अधिकारी। बुद्धिजीवियों को तो खैर विरोध करना ही था। अखबारों में स्तम्भकार 'हम लोग' को कूड़ा साबित करने में जुट गये। इनमें से किसी ने यह स्वीकार करने का कष्ट नहीं किया कि सोप ऑपेरा की विधा उसके लिए अपरिचित है। इसलिए उन्होंने चुन-चुनकर 'हम लोग' की बुराई करने के लिए ऐसे नुक्ते उठाये जो सोप ऑपेरा की तारीफ में उठाये जाते हैं। उदाहरण के लिए अमिता मलिक ने लिखा कि यह तो जमुनापार के लोगों के लिए बनाया गया कार्यक्रम लगता है। यह स्वीकार करते हुए भी कि उन्हें हिन्दी समझ में नहीं आती है इसलिए नौकरों का सहारा लेती हैं। उन्होंने कार्यक्रम को हर दृष्टि से नितान्त फूहड़ ठहराया। आगे चलकर एक बार उन्होंने आश्चर्य व्यक्त किया कि 'हम लोग' और 'बुनियाद' जैसे बकवास कार्यक्रम कलकत्ता में उनके रिश्तेदार इतने उत्साह से कैसे देख लेते हैं?

अनिल धारकर ने तो 'हम लोग' के खिलाफ बाकायदा एक अभियान

छेड़ दिया। कई महीनों बाद उन्हें सोप ऑपेरा पर एक अमेरिकी बुद्धिजीवी का लेख पढ़ने को मिला जिससे उन्हें पता चला कि आमतौर से सोप ऑपेरा के लिए किस-किस तरह के पात्र चुने जाते हैं? मिसाल के लिए शराबी और निकम्मा पिता तथा कर्मठ और कठोर पिता। इस आधार पर धारकर महोदय ने लिख मारा कि 'हम लोग' मौलिक नहीं है। लेखक ने अमेरिकी सोप की नकल मारी है। इकबाल मसूद को 'हम लोग' में भयंकर यथास्थितिवाद नजर आया।

हिन्दी अखबारों में तो स्थिति और भी खराब रही। एक जगह यह छपा कि इसका कथानक फिल्मी है और भाषा बेहद गड़बड़ है। पात्र जो बोल रहे हैं वह मेरठ की शुद्ध बोली नहीं है। मंगलेश डबराल ने जनसत्ता में कुछ इस तरह लिखा मानो 'हम लोग' लिखकर हिन्दी का एक वरिष्ठ लेखक अपने साहित्य और समाज से जबरदस्त विश्वासघात कर रहा है। दिनमान से 'हम लोग' के बारे में मुझसे वातचीत करने मेरे पुराने मित्र और भूतपूर्व सहयोगी आये। उसके बाद दिनमान में एक गुमनाम टिप्पणी छपी, जिसमें 'हम लोग' को घटिया साबित करने के लिए फिल्म प्रभाग, दिल्ली के किसी अधिकारी कों गुमनाम रखते हुए उद्धृत किया गया था। लुत्फ यह है कि फिल्म प्रभाग दिल्ली के भी सभी अधिकारी मेरे मित्र और भूतपूर्व सहयोगी थे। एक अन्य मित्र ने छद्म नाम से यह लिखा कि मनोहर श्याम जोशी 'हम लोग' लिखवाने के लिए गरीब पहाड़ी लेखकों का शोषण कर रहे हैं। उस दौर में मेरा बुद्धिजीवियों द्वारा मौखिक अभिनन्दन तो और भी ज्यादा हुआ। हर सार्वजनिक अवसर पर घेर-घार कर अच्छी तरह यह समझाया गया कि दुनिया तुम्हारी तारीफ कर रही हो मगर तुम बहुत ही घटिया चीज लिख रहे हो। एक बार तो इस तरह का अभिनन्दन श्मशान घाट में भी किया गया।

दूरदर्शन की दफ्तरशाही व्यवसायीकरण पर आँसू बहाने लगी। वह इस बात को बिल्कुल ही भूल गयी कि व्यवसायीकरण से पहले उसके पास शुद्ध अनाड़ीपन था जिसकी कृपा से दूरदर्शन से रेडियो जैसे कार्यक्रम प्रसारित किये जाते रहे थे। इस अनाड़ीपन के दर्शन आज तक उन कार्यक्रमों में होते रहते हैं जो दूरदर्शन के भीतर दूरदर्शन के लोगों द्वारा बनाये जाते हैं। इसका सबसे अच्छा उदाहरण समाचार-परिक्रमा में देखा जा सकता है जिसमें 'विजुअल' के नाम पर बेमतलब नक्शों से काम चलाया जाता है। मानो पटना में बाढ़ आने पर बाढ़ की 'फुटेज' न

दिखाकर नक्शे में बिहार और पटना दिखाकर काम चलाया जा सकता हो। व्यवसायीकरण के इस शोर में प्रेस ने इन अधिकारियों का पूरा साथ दिया, क्योंकि विज्ञापन पाने की होड़ में दूरदर्शन उससे आगे निकला चला जा रहा था। भ्रष्टाचार की बात बहुत बढ़ा-चढ़ा कर की गयी। उधर बुद्धिजीवियों ने अपनी विचार गोष्ठियों में उपभोक्ता संस्कृति के आने पर चिन्ता व्यक्त की।

इसके दो नतीजे निकले। पहला यह कि प्रायोजित कार्यक्रमों के आगे प्रश्न चिह्न लग गया। इसके लिए कमेटियाँ बैठाने और नीतियाँ बदलने का सिलसिला शुरू हुआ। एक सरकार की नीति को दूसरी सरकार से बदलवाया जाने लगा। इसके चलते कई लोगों के बहुत मेहनत से तैयार किये गये प्रस्ताव और कार्यक्रम स्वीकृत पाने के बावजूद अधर में लटके रह गये। इनमें 'परिवर्तन' नाम एक सोप ऑपेरा भी है जो भारतीय पूँजीवाद के विकास की पृष्ठभूमि में लिखा गया है। रमेश सिप्पी द्वारा निर्देशित 'परिवर्तन' को मैं अपना लिखा हुआ सर्वश्रेष्ठ सोप ऑपेरा समझता हूँ। इस तरह से प्रायोजित कार्यक्रमों को लटका देने से जो कमी हुई उसे पूरा करने के लिए दूरदर्शन ने प्रोग्राम कमीशन करने का तरीका अपनाया। जिस योजना के नाम में ही कमीशन आता हो उससे भ्रष्टाचार तो पता नहीं कितना घटा, दर्शकों की ऊब जरूर बढ़ी क्योंकि दूरदर्शन ने अपने ही बनाये हुए इन कार्यक्रमों में 'हिन्दू-सिख भाई-भाई' जैसे सन्देश बहुत ही फूहड़ ढंग से ठूँसने की कोशिश की। ऊबे हुए दर्शक स्टार और ज़ीटी.वी. की ओर खिंचने लगे। तब घबराकर दूरदर्शन ने मेट्रो चैनल इस तरह स्थापित किया कि प्रायोजित कार्यक्रम से कहीं ज्यादा व्यावसायिकता और उपभोक्ता संस्कृति घर-घर पहुँचने लगी। ध-ध-ध-धमाके से। चैक इट आउट।

शोर-शराबे का दूसरा नतीजा यह निकला कि दूरदर्शन ने अपने मनपसन्द पत्रकारों और बुद्धिजीवियों को तथा अपनी आलोचना करने वाले प्रेस को टी.वी. पर छा सकने का अवसर दे दिया। इन लोगों ने ज्यादातर कार्यक्रम अंग्रेजी में बनाये जबकि अंग्रेजी जानने वाले दर्शकों की संख्या बहुत ही सीमित है। इन कार्यक्रमों से कई लोगों का बैंक बैलेंस भले ही सुधरा हो लेकिन दूरदर्शन का या कि समाज का स्तर जरा भी नहीं सुधरा है। 'हम लोग' मैक्सिको के जिस अनुभव से प्रेरणा लेकर शुरू किया गया था उसको अपनाने की कोई कोशिश दूरदर्शन के

कमीशन किये हुए कार्यक्रमों में नहीं हुई। सच तो यह है कि 'हम लोग' में भी उस पद्धति को पूरी तरह से नहीं अपनाया गया। जहाँ मैक्सिको में कार्यक्रम के अन्त में दर्शकों से फोन करने अथवा चिट्ठी भेजने को कहा जाता था और दर्शकों की समस्याओं का उचित समाधान कराया जाता था वहाँ दूरदर्शन ने 'हम लोग' के बारे में आने वाली डाक की बाढ़ से निपटने का कोई प्रबन्ध नहीं किया। कभी-कभार मैं ही इस डाक को पढ़कर अशोक कुमार से कुछ कहलवा देता था ताकि दर्शकों को पता चले कि उनकी चिट्ठियाँ मिल रही हैं और पढ़ी जा रही हैं। प्रसंगवश इस डाक के दो बोरे मैं जे.एन.यू. में एक शोधकर्ता को दे आया था, जिससे वहीं नहीं अमेरिका के चार विश्वविद्यालयों में भी शोध कार्य हुआ।

इस प्रसंग में उल्लेखनीय है कि 'हम लोग' की लोकप्रियता पराकाष्ठा पर पहुँच जाने पर इस आयोजन से अपने को जुड़ा हुआ समझने वाले और इस हैसियत से लेखक को सलाह दे सकने वाले लोगों की संख्या बढ़ती ही चली गयी। इनमें डेविड पाइंटडेक्स्टर और उनके भारतीय साथी भी शामिल थे जो 'हम लोग' में समाज सुधार का तत्त्व बढ़ाने की माँग कर रहे थे। पाइंटडेक्स्टर ने ही अमेरिका के एक सम्प्रेषण विशेषज्ञ एवरेट राजर्स को 'हम लोग' पर शोध कार्य करवाने और उसे साबिदो और पाइंटडेक्स्टर से जोड़ने के काम पर लगवाया। एवरेट राजर्स ने अपने चेले अरविन्द सिंहल से यूनिवर्सिटी ऑफ साउथ कैलिफोर्निया में इस विषय पर शोध कराया। इसके लिए उन्हें रॉकफैलर फाउंडेशन से मात्र 80 हजार डॉलर का अनुदान मिला। बाद में इसी तरह का अनुदान 'हमराही' के प्रभाव को आँकने के लिए उसके भारतीय निर्माता को प्राप्त हुआ।

'हम लोग' कितना असरदार साबित हुआ इस बारे में थोड़ी बहस हो सकती है लेकिन इसमें कोई सन्देह नहीं कि मैक्सिको-पद्धति का यह दावा ठीक है कि अगर सोप ऑपेरा जैसे टी.वी. कार्यक्रमों के माध्यम से उपभोक्ता संस्कृति बेची जा सकती है तो समाज सुधार भी 'बेचा' जा सकता है। 'हम लोग' के पात्रों से दर्शकों का जितना गहरा तादात्म्य स्थापित हुआ, जिस तरह के पत्र उन्होंने अशोक कुमार के नाम भेजे उससे यह बिल्कुल प्रकट हो रहा था कि कार्यक्रम में जिन समस्याओं को उठाया जा रहा है उनके बारे में वह गहराई से सोच रहे हैं। उनके पत्रों को पढ़कर यह भी पता चलता था कि उनकी छोटी-बड़ी सैकड़ों ऐसी

उलझने हैं जिनसे निपटने में दूरदर्शन उनके लिए सहायक हो सकता है।

यह दूरदर्शन का दुर्भाग्य है कि 'हम लोग' उसके लिए मात्र इसी वजह से यादगार बना कि 'नूडल' जैसी एक लगभग अज्ञात चीज उसके माध्यम से घर-घर पहुँच सकी। उसने इसे सम्प्रेषण विशेषज्ञों, लेखकों और निर्माताओं के सहयोग से 'मास मीडिया' को जनहितकारी रूप देने की एक अच्छी शुरुआत नहीं समझा। तो एक ओर उसने समाज सुधार के नाम पर बहुत ही बेकार-सी 'विक्की' यानी लघुतम फिल्में बनवाने में पैसा बरबाद किया तो दूसरी ओर सारे आदर्शवाद को ताक पर रखकर बिल्कुल ही पश्चिमी ढंग की व्यावसायिकता को टी.वी. पर छाने दिया। बाजार तो शायद आना था और मास मीडिया होने के नाते शायद बाजारू संस्कृति भी लेकिन यह तो बिल्कुल ही जरूरी नहीं था कि बाजारू संस्कृति की जगह लोकधर्मी संस्कृति लाने की कोशिश न की जाय।

मास मीडिया और साहित्य

मैंने अपना साहित्यिक होश सन् 50 के आस-पास के उस दौर में सँभाला जिसमें हाथीदाँत-मीनार छाप आधुनिकता और सर्वहारा छाप क्रान्तिकारिता दोनों ही अपने पूरे उरोज पर थीं। हम तरुण साहित्यकार उनके प्रेमी थे। अपने अकेलेपन में उनको याद कर-कर के लिखा करते थे और जो भी लिखे थे गोया उनको रिझाने के लिए ही लिखते थे। लखनऊ कॉफी हाउस में दूसरे नौजवान लेखकों के साथ-साथ मैंने भी अक्सर उनकी सोहबत की—ज्यादातर बारी-बारी से, एकाध मर्तबा साथ-साथ भी। ये दोनों हसीनाएँ ही हमारी प्रेरणाएँ थीं। कुछ बुजुर्ग साहित्यकारों की तरह चर्खा छाप व रामायण छाप राष्ट्रीयता जातीयता नामक दो अन्य प्रेरणाओं के साथ दूध जलेबी खाते हुए स्वाधीनता संघर्ष या धर्मपुराण की चर्चा करने का हम नौजवानों में जरा भी उत्साह न था।

उसी दौर में पश्चिम में मास मीडिया उभर रहा था और मास कल्चर का जिक्र चल रहा था। तमाम देशों में सिनेमा अपनी उठान पर था और अगर एक तरफ हॉलीवुड की शक्ल में वह घटियापन और बाजारूपन का प्रतीक ठहराया जा रहा था तो दूसरी तरफ उसे सातवीं कला का दर्जा देने की बात चल पड़ी थी। सिनेमा की लोकप्रियता का तब भी यह आलम था कि भले ही हम साहित्यकारों के हीरो प्रेमचन्द और निराला रहे हों, आम जनता के हीरो अशोक कुमार और दिलीप कुमार ही थे। यह हकीकत हमें बहुत परेशान किया करती लेकिन साथ ही हम इस बात को भी अच्छी तरह समझते थे कि साहित्य कलाबिरादरी में सिनेमा बायोस्कोप

की बात व्यंग्य-विनोद के स्तर पर तो की जा सकती है लेकिन उसके बारे में गद्गद या गुरु गम्भीर चर्चा करना हमें आधुनिकता और क्रान्तिकारिता की नजरों में गिरा ही सकता है।

अगर कभी हम कॉफी हाउस में अपनी प्रेरणाओं के सामने सिनेमा के भी कलात्मक या क्रान्तिकारी होने की बात उठा देते तो वे हमें आँखें तरेर कर देखती और सावधान करती कि दुनिया के हर देश में फिल्मी दुनिया साहित्यिक प्रतिमा के लिए कब्रगाह साबित हुई है। मेरे साहित्यिक गुरु अमृतलाल नागर उन्हीं दिनों फिल्मी दुनिया से लौटकर आये थे। जब मैंने उनसे बम्बई जाने के लिए आशीर्वाद और सिफारिशी चिट्ठी देने का अनुरोध किया तब उन्होंने कहा, "सिनेमा से जुड़ोगे तो घटिया लेखक कहलाओगे, हो जाओगे। मैं खुद वहाँ जाकर पछता रहा हूँ।" नागर जी हिन्दी के अन्य साहित्यकारों की तरह फिल्मी दुनिया में विफल नहीं रहे थे। लेकिन एक लोकप्रिय माध्यम में उनका सफल होना ही उन्हें आधुनिक साहित्यिक बिरादरी के लिए घटिया बनाये दे रहा था, जिसे नागर जी इंटेलेक्चुअलता की मारी हुई बताते थे। इस इंटेलेक्चुअलता का इतना दबदबा था कि स्वयं नागर जी ने बम्बई से लौटने के बाद लोकप्रिय लेखन से भरसक परहेज बरता।

जो हो लोकप्रियता का सवाल मेरे-जैसे कुछ नौजवान लेखकों को खासा परेशान करता था। हम सोचते कि अगर आधुनिकता का लोकतन्त्र से चोली-दामन का रिश्ता है तो वह लोकप्रियता के खिलाफ कैसे हो सकती है? यह कोई जलन का मामला है या सिद्धान्त का? अगर हम आधुनिकता से पूछते तो वह हमारी नादानी पर हँसती और कहती, जो चीज लोकप्रिय हो वह आधुनिक कैसे होगी भला? अरे आम आदमी की समझ में तो वही आयेगा, जो उसके लिए जाना-पहचाना होगा। और जाना-पहचाना वही होगा, जो पहले से चला आ रहा हो। और जो पहले से चला आया होगा वह आधुनिक कैसे होगा? आधुनिकता यह भी कहती कि मैं लोकतन्त्र-निवासी हूँ इसीलिए लोकप्रियता का विरोध करती हूँ। जिस तरह लोकतन्त्र हर व्यक्ति को सामन्ती बन्धनों से मुक्त करके अपना जीवन अपने ढंग से जीने की छूट दिलाता है, उसी तरह वह हर रचनाकार को परम्परा की बेड़ियों से मुक्त करके अपने ढंग से और अपने सन्तोष के लिए सिरजने की छूट दिलवाता है।

लोकतन्त्रात्मक देशों में मास मीडिया के बढ़ते हुए बोलबाले की

ओर जब आधुनिकता का ध्यान दिलाया जाता तब वह आह भरकर इसे आम जनता के दिमागी तौर से सामन्ती संस्कृति से ही जुड़े रह जाने का एक दुखद सबूत ठहराती। वह दावा करती कि देख लेना एक दिन, जन-जन को निर्बन्ध बनाकर मैं ही सच्ची क्रान्ति कराऊँगी। हम आधुनिकता के मुँह से यूरोप के 'आवाँगार्द' के किस्से सुनते, जिसके सदस्य आधुनिकता और क्रान्तिकारिता दोनों के ही मामले में सबसे आगे थे। हम सुनते और सोचते कि हम भी इसी तरह की आधुनिक क्रान्तिकारिता से जुड़ेंगे। हमें खुशी होती कि रूसी क्रान्ति की सांस्कृतिक अगुवाई भी आवाँगार्द से जुड़े लोगों ने की थी।

लेकिन जब हम क्रान्तिकारिता के साथ चर्चा करते तब वह आवाँगार्द की आधुनिकता और क्रान्तिकारिता के दोनों के आगे सवालिया निशान जड़ देती। वह कहती कि सर्वहारा की तानाशाही अनुशासन से चलती है, उच्छृंखलता से नहीं। जिसे तुम लोग प्रयोगवाद कह रहे हो, वह पूँजीवाद का ही एक मुखौटा है। इसीलिए सोवियत संघ में न कला में प्रयोग करने की इजाजत दी गयी है और न जीवन-पद्धति में। तुम्हें जीवन में प्रयोग करने से दिलचस्पी हो तो स्वीडन जाओ और कला में प्रयोग करने से दिलचस्पी हो तो फ्रांस में। क्रान्तिकारी सोवियत संघ को रासोन्मुख पूँजीवादी संस्कृति से कुछ लेना-देना नहीं है।

क्रान्तिकारिता हमें बहुत फख्र के साथ बताती कि "क्लासिकी नृत्य, संगीत, नाटक और साहित्य का सोवियत संघ में जितना प्रचार-प्रसार है उतना और कहीं नहीं। बेले और ऑपेरा अपने शुद्धतम रूप में सोवियत संघ में ही देखे जा सकते हैं इस बात को पूँजीवादी देशों के समीक्षक तक स्वीकार करते हैं।" अगर हम कहते कि क्या क्लासिकी, सामन्ती भी नहीं है? तो क्रान्तिकारिता कहती कि क्लासिकी का मतलब श्रेष्ठ है, सामन्ती नहीं। सोवियत संघ ने यह साबित कर दिखलाया है कि जनरुचि परिष्कृत होती है और जनसाधारण भी श्रेष्ठ संस्कृति के गाहक होते हैं।

क्रान्तिकारिता के सामने लोकप्रियता का सवाल उठाना तो और भी बड़ा जोखिम मोल लेना साबित होता। अगर कोई उससे कह देता कि जनवादी होते हुए भी वह लोकप्रियता का विरोध कैसे कर सकती है? तो वह कहती कि जिसे तुम लोकप्रिय संस्कृति समझ रहे हो वह लोकमानस से नहीं, पूँजीवादी मंडी से उपजी है। तुम्हें मास कल्चर और फोक कल्चर में तमीज करनी चाहिए। लोकसंस्कृति को सोवियत संघ में जितना

बढ़ावा दिया जा रहा है उतना दुनिया में और कहीं नहीं। हमें थोड़ी-सी बौद्धिक परेशानी होती कि लोकसंस्कृति भी सामन्ती कृषि व्यवस्था से नहीं जुड़ी हुई है? और अगर क्रान्ति ने उस व्यवस्था को समाप्त कर दिया है तो इस संस्कृति को जीवित रखने में क्या तुक है?

जो हो, इप्टा के अनुयायियों के रूप में हम भी लोकसंस्कृति को जीवित रखने के लिए प्रयत्नशील रहे। हमने अल्मोड़ा में उसी दौर में शहरी और उच्च वर्गीय कम्युनिस्ट बुद्धिजीवियों ने हुड़का लेकर वे लोकगीत गाने शुरू किये, जो गाँव वाले तब भी खुद गाना छोड़ रहे थे। यही नहीं, हमने अपनी आधुनिक कविता में लोकगीतों का रूप- रंग झलकाने की भी भरसक कोशिश की। मगर इस सबके बावजूद लोकप्रिय संस्कृति का सवाल हमें कचोटता ही रहा। कभी-कभार किसी वामपन्थी का ऐसा लेख भी पढ़ने को मिल जाता, जिसमें मास कल्चर को जनवादी सिद्ध किया गया होता। सिनेमा से आकृष्ट मेरे-जैसे लेखक इस तरह का लेख पढ़कर बहुत उत्साहित होते और उसे फौरन कॉफी हाउस में ले जाकर क्रान्तिकारिता की सेवा में प्रस्तुत करते। मुझे इस तरह के एक लेख की अब भी याद है जो पेनगुइन न्यू राइटिंग में छपा था और जिसमें अमेरिकी जार्ज संगीत को जनवादी और क्रान्तिकारी ठहराया गया था। लेकिन क्रान्तिकारिता ऐसी चीजों को 'डीविएशन' की मारी हुई बुद्धि की देन ठहरा देती।

उसी दौर में जर्मनी से भागकर अमेरिका गये वामपन्थी बुद्धिजीवियों ने अमेरिकी रेडियो और सिनेमा का अध्ययन करके यह सिद्ध किया कि मास कल्चर पूँजीवादी मंडी से सक्रिय शक्तियों की देन है और इसका एकमात्र उद्देश्य पूँजीवादी यथास्थिति को बनाये रखना है। पूँजीवाद का गढ़ होने के नाते अमेरिका ही इसका गढ़ है और अमेरिका मास कल्चर के जरिए सारी दुनिया पर अपनी चौधराहट कायम करना चाहता है। मास कल्चर का नाम उस दौर में ही कोकाकोला कल्चर रखा गया और हमारी बिरादरी ने कॉलोनाइजेशन के वजन पर एक नया फिकरा चला दिया, कोकाकोलानाइजेशन। आधुनिकता और क्रान्तिकारिता दोनों ही हमें बताने लगीं कि कोकाकोलानाइजेशन क्रान्ति विरोधी, व्यक्ति-स्वतन्त्रता विरोधी और बुद्धि विरोधी जीवन-दर्शन की प्रतिष्ठा करता है। उसमें का माहौल बुद्धिजीवियों के लिए दमघोंटू साबित होता है। यही वजह है कि महायुद्धों के बीच के दौर में अमेरिकी साहित्यकारों और कलाकारों की

एक पूरी पीढ़ी अपना देश छोड़कर आधुनिकता और क्रान्तिकारिता के गढ़ फ्रांस में जा बसी थी।

जब हम में से कोई यह जिक्र छेड़ता कि खुद फ्रांसिसी लेखक फलोबेयर को यह आधुनिक और क्रान्तिकारी फ्रांस दमघोंटू मालूम हुआ था तब आधुनिकता कह देती कि फलोबेयर आधुनिक लेखक है ही नहीं और क्रान्तिकारिता सार्त्र के हवाले से कहती कि फलोबेयर घटिया उपन्यासकार है। फलोबेयर जितना ही रासोन्मुखी ठहरा दिया जाता इस्पहानी चिन्तक आर्तिगा इ गास्से जिसने आधुनिक प्रगतिशील यूरोप को दुर्गतिशील ठहरा दिया था। जिसका कहना था कि लोकतन्त्र भीड़तन्त्र का ही पर्याय है। उसके आधुनिक और क्रान्तिकारिता दोनों ही वैश्य संस्कृति को, व्यक्ति केन्द्र दृष्टि को बढ़ावा दे रही है और जीवन-दर्शन के केन्द्र से खुद को हटाकर बनिये को बैठा रही है। इसके चलते संस्कृति में घटियापन का बोलबाला होना अनिवार्य है। उससे बचने का एक ही उपाय है कि विद्वानों की सामन्तशाही स्थापित की जाय।

फलोबेयर और गास्से ने अपने लोकतन्त्र विरोधी होने की कहीं कोई पर्दादारी नहीं की थी लिहाजा आधुनिकता और क्रान्तिकारिता लोकतन्त्र के नाम पर हमें सावधान करती कि इन दोनों के विचारों से हम गुमराह न हों। खैर तो इस तरह अपने साहित्यिक जीवन के आरम्भ में ही मैं मास मीडिया को लेकर जबरदस्त दोचित्तेपन का शिकार हो गया। अपनी तमाम इंटेलेक्चुअलता के बावजूद मेरे लिए यह मान सकना कठिन था कि जन-रंजन करना अपने में ही कोई घटिया काम हो सकता है। और अगर आधुनिक और क्रान्तिकारी होने के नाते मैं लोकप्रियता को घटियापन की निशानी मानने को मजबूर हूँ तो फिर गास्से की तरह लोकतन्त्र को भी घटियापन का जनक मान लेने से मुझे क्यों रोका जा रहा है? अगर लोकतन्त्र में मास मीडिया होगा और वह ग्राहक की पसन्द पर चलेगा तो अनिवार्य रूप से 'लो ब्राउ' का उसमें बोलबाला नहीं होगा? आखिर जन-जन तो 'हाई ब्राउ' हो नहीं सकते।

मैं मनोरंजन-विश्वासी था, इस नाते मास मीडिया का मुरीद और ग्राहक दोनों था। मैं फिल्में देखता था, फिल्मी गीत गुनगुनाया करता था, पत्र-पत्रिकाएँ बहुत उत्साह से पढ़ता था, रेडियो सुनता था और लोकप्रिय उपन्यास पढ़ता था। उस जमाने में टेलीविजन नहीं था लेकिन अगर होता तो निश्चय ही मेरी शाम उसके आगे कटा करतीं। मेरे सामने

सवाल पेश हुआ कि जिस चीज का मैं ग्राहक हूँ उस चीज का उत्पादक होने में मुझे परहेज क्यों होना चाहिए? अगर लेखक तथाकथित हाई ब्राउ और लो ब्राउ दोनों तरह की चीजों का आनन्द ले सकता है तो दोनों तरह की चीजें खुद लिख क्यों नहीं सकता? इस सिलसिले में मुझे ग्राहम ग्रीन का उदाहरण बहुत प्रेरणाप्रद मालूम होता जो गम्भीर उपन्यासों के बीच-बीच मनोरंजक उपन्यास भी लिख रहे थे। लेकिन इस बारे में भी साहित्यिक बिरादरी की मान्यता बहुत स्पष्ट थी कि अगर कोई गम्भीर लेखक व्यावसायिक लेखन करेगा तो वह मास मीडिया को सुधार नहीं सकेगा, हाँ, मास मीडिया उसके साहित्यकार को मार जरूर देगा। इसलिए हर गम्भीर लेखक का कर्तव्य है कि अपनी प्रतिभा को श्रेष्ठ साहित्य के लिए सुरक्षित रखे और मास मीडिया के घटिया काम को घटिया लेखकों के लिए छोड़ दे। गोया उसे और-और घटिया बनते रहने दे।

मुझे यह सवाल भी परेशान करता था कि अगर मैं आधुनिक हूँ तो मुझे आधुनिक युग के अभिव्यक्ति के माध्यमों से जुड़ने में परहेज क्यों करना चाहिए? अगर सारी आधुनिकता उद्योग-व्यापार से जुड़ी है तो हम संस्कृति के उद्योग-व्यापार पर ही नाक-भौं क्यों सिकोड़ें? लेकिन साहित्यिक बिरादरी को यह तर्क न तब स्वीकार था न अब है। वह यह मानकर चलती है कि जिस चीज की पहुँच जितनी व्यापक होगी, वह उतनी ही घटिया होगी। इस तर्क के अनुसार पत्रकारिता साहित्य से घटिया है, सिनेमा पत्रकारिता से घटिया है और टेलीविजन सिनेमा से भी घटिया है। साहित्य में भी कविता सर्वश्रेष्ठ है, बशर्ते वह कवि सम्मेलनों में श्रोताओं को रिझाने के लिए न लिखी गयी हो। आधुनिक कथा-साहित्य मशीन युग में लोकरंजन के माध्यम के रूप में ही उभरा था इसलिए सदियों से चली आयी कविता के मुकाबले में उसे कमतर ही माना जा सकता था। कवि कथाकारों से ऊँचे किस्म के प्राणी हुआ करते थे और सारे साहित्यिक आन्दोलन कविता के ही इर्द-गिर्द घूमते थे। यही कारण है कि उस दौर में जहाँ एक ओर मेरे-जैसे मूलतः कथाकार तक मूलतः नये कवि बनने की कोशिश करते रहे, वहाँ दूसरी ओर कथाकारों को भी अन्ततः अपने अलग आन्दोलन गढ़ने पड़े।

इसे एक विडम्बना ही कहा जाएगा कि अपनी दोनों प्रेरणाओं, यानी आधुनिकता और क्रान्तिकारिता से मिली मास मीडिया-विरोधी दीक्षा के

बावजूद मुझे लिखना शुरू करने के तुरन्त बाद 'पापी पेट की खातिर' मास मीडिया से जुड़ जाना पड़ा। आधुनिकता और क्रान्तिकारिता के चक्कर में पढ़ाई-लिखाई की ओर पर्याप्त ध्यान न देने के कारण मैं अपनी पीढ़ी के बहुत से लेखकों की तरह डॉक्टर साहब कहलाने का और विश्वविद्यालय से वेतन पाने का हकदार नहीं बन सका। स्कूल-कालेज में पढ़ाना ही उस दौर में स्त्रियों और साहित्यकारों के लिए निरापद व्यवसाय समझा जाता था। स्त्रियों के प्रसंग में भले ही यह नजरिया थोड़ा बदला हो, साहित्यकारों के लिए अब भी मुदर्रिसी ही उत्तम व्यवसाय है।

तो रोजी-रोटी की खातिर मैं बहुत संकोच से क्रमशः पत्रकारिता, रेडियो, फिल्म और टेलीविजन से जुड़ा। संकोच से इसलिए कि आधुनिकता और क्रान्तिकारिता दोनों ही पुरातन पन्थियों से इस मामले में पूरी तरह सहमत थीं कि लक्ष्मी और सरस्वती में बुनियादी बैर है। मुझे और भाषाओं का तो पता नहीं लेकिन हिन्दी लेखकों की बिरादरी में ऐसा भी माना जाता रहा कि लेखक रेवोल्यूशनरी ही नहीं होता, ऋषि भी होता है और ऋषि किसी के आगे हाथ नहीं फैलाता। हमारी पीढ़ी से अपनी लघु पत्रिकाओं में राज्याश्रय और सेठाश्रय के विरोध में बाकायदा आन्दोलन चलाया था। अफसोस कि तब भारत भवन नहीं बना था इसलिए न्यायाश्रय जैसी कोई निरापद चीज नहीं थी। यों न्यायाश्रय को भी प्रच्छन्न राजाश्रय और सेठाश्रय ठहराया जा सकता है। तरुण क्रान्तिकारी लेखक ठहरा भी रहे हैं।

प्रसंगवश जिस समय मैं मास मीडिया से जुड़ा था, साहित्यिक बिरादरी के लिए सबसे घटिया सिनेमा, उससे कुछ कम घटिया रेडियो और उससे कम घटिया ऐसी पत्रकारिता थी जो साहित्य को या अपनी राजनीतिक विचारधारा को समर्पित हो। लेकिन लोकप्रिय पत्रकारिता सिनेमा जितनी ही घटिया मानी जाती थी और उसमें काम करना तो दूर, उसके लिए कुछ लिख देना तक सेठाश्रय लेने का नमूना ठहराया जाता था। जब डॉक्टर केसकर की कृपा से साहित्यकार आकाशवाणी में सलाहकारों के पद पर नियुक्त किये गये तो रेडियो पहले जितना अछूत नहीं रह गया। इसी तरह बाद में लोकप्रिय पत्रकारिता भी पहले जितनी घृणित नहीं रही। खासकर तब, जब सेठ व्यावसायिक मिर्च-मसाले के बीच आपको यहाँ-वहाँ थोड़ा साहित्य परोसने की और अपनी आन्दोलनबाजी करने की छूट दे रहा हो। सेठाश्रय-विरोधी मुहिम छेड़ने वाले डॉक्टर

भारती का स्वयं एक लोकप्रिय पत्रिका 'धर्मयुग' का सम्पादक बन जाना अन्ततः हिन्दी-भाषी इंटेलेक्चुअलों के लिए लोकप्रिय पत्रकारिता को अछूत से सवर्ण की श्रेणी में ले आया। साप्ताहिकों में ही नहीं, दैनिकों में भी हिन्दी के नये कवि अखबारी गद्य में कूँजने लगे। इसी तरह सिनेमा के क्षेत्र में समान्तर अथवा कलात्मक सिनेमा का मोर्चा खुल जाने से हिन्दी लेखक बिरादरी के लिए यह माध्यम भी उतना अस्पर्श नहीं रहा। इस समय घटियापन का अन्यतम प्रतीक है—टेलीविजन और दुर्भाग्य से मैं उसी से जुड़ा हुआ हूँ।

टेलीविजन और तमाम बातों के अलावा इसलिए भी घटिया माना गया है कि उसकी पहुँच व्यापकतम है, गोया उसमें ऐसी ही चीज चल सकती है जो बहुसंख्य लोगों को पसन्द आ सकती हो। इससे कलावादी आधुनिकता को आपत्ति हो, यह बात तो मेरी समझ में आती है लेकिन जनवादी क्रान्तिकारिता को भी हो, यह मेरी समझ से परे था और है। जनवादी लेखक मास मीडिया से जुड़कर अपनी बात जन-जन तक क्यों न पहुँचाये? मैंने कॉफी हाउस में क्रान्तिकारिता का ध्यान इस ओर दिलाने की कोशिश की कि स्वयं कोकाकोला कल्चर की गढ़ अमेरिका में वामपन्थी लेखक बड़ी तादाद में मास मीडिया से जुड़े हैं। उनकी उपस्थिति से ही अमेरिकी पत्रकारिता और लोकप्रिय सिनेमा का तेवर काफी हद तक सत्ता प्रतिष्ठान विरोधी रह सका है। क्रान्तिकारिता का कहना था कि मास मीडिया पूँजीवादियों के हाथ में है इसलिए कुछ वामपन्थी लेखकों के उससे जुड़ जाने के बावजूद अमेरिका में न कोई क्रान्ति हुई है, न हो सकेगी। उस दौर में हमें यह नहीं पता था कि क्रान्तिकारिता के बावजूद सोवियत संघ में भी कोई क्रान्ति नहीं हुई।

प्रसंगवश भारत में भी उस दौर में उर्दू के अनेक प्रगतिशील कवि और लेखक रेडियो-सिनेमा से जुड़ रहे थे। इसके चलते बम्बइया निर्माताओं को अमीर बनाने वाली ज्यादातर फिल्में कुछ भोडं ढंग से ही सही, गरीब के पक्ष में अमीरों के विरोध में आवाजें उठाती रहीं। उर्दू के तरक्की पसन्द सौरा की नज़्में और ग़ज़लें फिल्मी धुनों में बँधकर अवाभ तक पहुँच सकीं। लेकिन इसे हमारी इंटेलेक्चुअल बिरादरी ने उर्दू वालों के शिल्पी अधिक और बुद्धिजीवी कम होने का प्रमाण माना। हमारी बिरादरी को यह तर्क स्वीकार नहीं हुआ कि लेखक बुद्धिजीवी होने के साथ-साथ शिल्पी भी है और उसे अपने शिल्प का जनसाधारण के

ज्ञानवर्द्धन और मनोरंजन के लिए उपयोग करने में कोई संकोच नहीं होना चाहिए। शिल्प या भाषा की बात करना ही इंटेलेक्चुअलता की कमी का प्रमाण हमारी बिरादरी में माना जाता रहा है। एक गोष्ठी में जब मैंने शिल्प और भाषा की बात उठायी तब एक जनवादी युवा लेखक ने मुझे याद दिलाया कि शिल्प तो मोची को भी आता है और लच्छेदार बातों से रिझाना तो रंडी भी जानती है। विचारणीय है कि शिल्प को घटिया ठहराने वाला यह तेवर कहीं 'मनुवादी' तो नहीं है? क्या इसी मनुवाद के चलते हिन्दी में नाटकों का अभाव हुआ है? कथा साहित्य में कहानीकारों की भरमार है और उपन्यासकार बहुत कम नजर आते हैं? कवियों की आवादी निर्बाध बढ़ रही है और उनकी महत्त्वाकांक्षा बौने पेड़ की फुन्गी पर बैठी एक अदद छोटी-सी चिड़िया तक पहुँच जाने की कोशिश में ही इतनी पस्त हो जा रही है कि फिर पड़े-पड़े शास्त्रीय संगीत सुनने और आधुनिक कलाकारों के चित्र देखकर ही सन्तोष कर ले रही है।

आज भी हिन्दी साहित्यकारों की बिरादरी में आधुनिकता और क्रान्तिकारिता दोनों उसी तरह की बातें कर रही हैं जिस तरह की मैंने अपना साहित्यिक होश सँभालते समय लखनऊ कॉफी हाउस में सुनी थी। हाल में कुछ तरुण लेखकों ने मुझे देर रात तक यह समझाने के लिए जगाये रखा कि घटिया मास मीडिया से जुड़े होने के कारण ही आप घटिया उपन्यासकार साबित हुए हैं। हिन्दी साहित्यकार बिरादरी का समय मानो सन् 50 के आस-पास थम गया है। उसमें बैठने वाले को इस बात का कोई आभास ही नहीं होता कि इस दौरान आधुनिकता और क्रान्तिकारिता दोनों के ही गढ़ ढह गये हैं।

क्रान्तिकारिता के आराध्य देश सोवियत संघ में गोवा क्रान्ति-विरोधी क्रान्ति हो गयी है और ऐसा कहा जा रहा है कि इसे लाने में उसी कोकाकोला कल्चर का बहुत बड़ा हाथ है जिसे कभी क्रान्तिकारिता कोसा करती थी। कुछ वर्ष पहले न्यूयार्क के एक सेमीनार में कुछ अमेरिकी बुद्धिजीवियों ने यह स्थापना की कि अमेरिका मास कल्चर उदारता, समानता और लोकतन्त्र के सिद्धान्तों से बुनियादी तौर पर जुड़ा हुआ है। यही वजह है कि सोवियत संघ में कम्युनिस्ट तानाशाही का जो गढ़ ठंडी लड़ाई के योद्धा नहीं ढहा सके उसे अमेरिकी मास कल्चर ने टेलीविजन की तरंगों पर सवार होकर देखते ही देखते मिट्टी में मिला

दिया। ग्लासनोस्त के दौर में जब मैं सोवियत संघ गया तब मुझे यह देखकर आश्चर्य हुआ कि वहाँ कोकाकोला कल्चर अपना लेने को ही खुलापन आ जाने का अकाट्य प्रमाण माना जा रहा है। सोवियत संघ को नाज है कि उसकी युवा पीढ़ी भी पंक वेशभूषा धारण करने लगी है जंक फूड खाने लगी है, कोला पीने-पिलाने लगी है और पॉप संगीत गाने-बजाने लगी है। जो कुछ ही दशकों पहले तक पूँजीवादी संस्कृति की सड़ाँध मानी जाती थी, वही खुलेपन और ताजगी की बयार बतायी जा रही है। क्रान्तिकारिता ने लोकप्रियता के आगे हथियार डाल दिये हैं

कुछ ऐसी ही उलट-फेर इस बीच आधुनिकता के खेमे में भी हो चली है। आधुनिकता के अलग और अनूठे होने के दावे के आगे सवालिया निशान लगाते हुए उत्तर-आधुनिकता नामक एक नयी हसीना के रूढ़िवाद का विरोध करने वाली आधुनिकता को स्वयं एक रूढ़ि ठहरा दिया है। वह हाई ब्राउ और लो ब्राउ को गड्ड-मड्ड करने में बड़ा आनन्द ले रही है। उसे आधुनिक लेखक के अपने को औरों से कुछ ऊपर और अलग मानने वाले तेवर मंजूर नहीं हैं। प्रॉटेस्टेंट परम्परा से उपजी यूरोपीय आधुनिकता और क्रान्तिकारिता दोनों की केन्द्रीय सत्ता को उत्तर-आधुनिकता ने चुनौती दे डाली है और परिधि में उपेक्षित पड़ी हुई गैर-यूरोपीय परम्पराओं को केन्द्र में लाने का क्रम शुरू कर दिया है। वामपन्थी बिरादरी बड़े पैमाने पर उत्तर-आधुनिकता से जुड़ गयी है और अब उसकी इंटेलेक्चुअलता ने मार्क्सवादी की जगह उत्तर-आधुनिक मुहावरा अपना लिया है।

उत्तर-आधुनिकता ने एक ओर साहित्य को पौराणिक और लोक कथाओं वाला तेवर देना शुरू किया है तो दूसरी ओर यह जताने की कोशिश की है कि मास कल्चर आधुनिक नागर समाज की लोकसंस्कृति ही है। उत्तर-आधुनिकता मनमोहन देसाई की फिल्म कहानियों को भारत की वाचिक परम्परा से जोड़ सकती है। या बम्बइया फिल्मों का संस्कृत नाटकों से तादात्म्य बैठा सकती है। वह यहाँ तक कह सकती है कि जिसे आज प्राचीन युगों का श्रेष्ठ साहित्य ठहराया जा रहा है वह स्वयं अपने युग के मास कल्चर का एक अंग था। इस सिलसिले में इतालवी विद्वान अम्बेश्तो एको ने तो यहाँ तक लिख दिया है कि यूनानी त्रासदियों और शेक्सपियर के नाटक अपने-अपने युग के सोप ऑपेरा थे आम जनता उन्हें उसी चाव और लगाव से देखती थी जैसे वह आज टेलीविजन

धारावाहिकों को देखती है और कोई अचरज नहीं जो आज के सोप ऑपेरा कभी आगे चलकर विद्वानों द्वारा गम्भीर अध्ययन के विषय मान लिए जाएँ।

हम इस आत्यन्तिक स्थापना से भले ही सहमत न हों, उत्तर-आधुनिकता की यह बात मानने के लिए मजबूर होना पड़ता है कि आधुनिकता के दौर से पहले संस्कृति को लोकप्रिय और श्रेष्ठ दो बिल्कुल अलग-अलग हिस्सों में कभी नहीं बाँटा गया था। यह भी कभी नहीं कहा गया था कि बौद्धिक लोगों का रचा हुआ साहित्य तमाम पुराने साहित्य से और जनता की समझ में आने वाले साहित्य से अलग और अनूठा होता है। आधुनिकता की मुसीबतें बढ़ाते हुए स्वयं मास कल्चर ने उसका अनूठापन, उसका प्रयोगवादी तेवर अपना लिया है। आज हालत यह है कि विज्ञापन और एम.टी.वी. जैसे युवाओं के बीच लोकप्रिय कार्यक्रम प्रयोगधर्मिता के मामले में आधुनिकी साहित्य से बीस ही हैं, उन्नीस नहीं।

मुसीबत-दर-मुसीबत यह कि इस दौरान मास मीडिया ने हाथी दाँत की मीनारों में रहने वाले आधुनिकता के अनुयायियों को मास मीडिया में नजर आने वाले सेलिब्रिटिज बन जाने के लिए मजबूर कर दिया है। मास मीडिया से विज्ञापित होना उनके लिए आवश्यक बन चला है। अब कोई भी बुद्धिजीवी अपनी एकान्त साधना से उतनी प्रसिद्धि नहीं पाता जितनी कि अपना चेहरा मास मीडिया की चकाचौंध में बनाये रखने से। बकौल शख्से 'सेलिब्रिटिज आर फेमस फॉर बीइंग फेमस' यानी आज की दुनिया में जाने-माने लोग जाने-माने जाने के लिए ही जाने-माने जाते हैं। मक़बूल फ़िदा हुसैन भारत के सबसे जाने-माने कलाकार बन पाते हैं क्योंकि और तमाम बातों के साथ-साथ वह कभी नंगे पाँव रहने के कारण, तो कभी सफल फिल्म 'हम आपके हैं कौन' की सफल नायिका माधुरी दीक्षित के चित्र आँकने के कारण चर्चा में रह पाते हैं। खुशवन्त सिंह इसलिए सबसे ज्यादा जाने-माने पत्रकार हो जाते हैं कि वह अपने स्तम्भ में चौंकाने वाली बात कहने का कोई मौका नहीं चूकते।

मास कल्चर और मंडी का, आधुनिकता और उपभोगता संस्कृति का बड़ा गहरा सम्बन्ध है। इस दौर में जिस तरह 'हम लोग' के सहारे 'मैगीनूडल्स' बिकते हैं उसी तरह मैगीनूडल्स के सहारे 'हम लोग' चलता है। ऐसे ही आज विदेशों में कई लोकप्रिय टॉक शो हाई ब्राउ सेलिब्रिटिज

के उनमें शामिल होते रहने से चलते हैं और खुद हाई ब्राउ सेलिब्रिटिज उनमें चेहरा दिखाते रहने के कारण ही चल पाते हैं। तो क्या आश्चर्य जो साहित्य, कला और वाणिज्य के मास मीडिया नामक इस संगम पर बौद्धिक साधु-सन्तों का अच्छा जमावड़ा होने लगा है। प्रकाशक लेखक की कोशिश कर-कर के लोकप्रिय पत्रकारिता के पृष्ठों पर और टेलीविजन के पर्दे पर जगह दिलवा रहे हैं, उसे किसी भी तरह खबरों में ला रहे हैं। इस तरह गम्भीर साहित्य भी बेस्ट सेलर लोकप्रिय साहित्य की टक्कर में आ पा रहा है।

जब एक मर्तबा न्यूयार्क टाइम्स की बेस्ट सेलर की लिस्ट में कथा-साहित्य में सलमान रश्दी की 'सैटेनिक वेर्सेज' और गैर-कथा-साहित्य में स्टीफन हॉकिन्स की 'अ शार्ट हिस्ट्री ऑफ टाइम' जैसी दुरूह पुस्तकें सर्वोच्च स्थान पा गयीं तब अमेरिका में सर्वेक्षण करके पता चला कि इन्हें खरीदने वालों में से एक प्रतिशत से भी कम ने इन्हें पढ़ा है पूरा। चार प्रतिशत ने थोड़ा-सा पढ़कर अलग रख दिया है बाकी 95 प्रतिशत ने पढ़ने के लिए लिया ही नहीं है। सजाने के लिए अथवा किसी को भेंट कर देने के लिए खरीदा है। और इसलिए खरीदा है कि इनसे लेखक मास मीडिया में चर्चा के विषय रहे थे। रश्दी इसलिए कि कट्टरपन्थी मुसलमानों ने उन्हें मारने के लिए फतवा दिया, और हॉकिन्स इसलिए कि वह जवानी में कदम रखते ही ऐसी बीमारी के शिकार हो गये कि उनके अंगों को लकवा मारता चला गया और अब वह बोल भी मशीनों की मदद से पाते हैं।

लेखक और उसकी कृति को खबर बनाने की सबसे मजेदार घटना थी कि मूलतः कवि विक्रम सेठ को, जिनका पहला उपन्यास भी पद्य में ही था, दूसरे उपन्यास 'सूटेबुल बॉय' के लिए एक कल्पनातीत रकम पेशगी में दे दिया जाना। इसकी वजह से यह उपन्यास प्रकाशन से पूर्व ही मास मीडिया की मेहरबानी से विश्वव्यापी ख्याति पा गया और निहायत ही भारी-भरकम तथा किसी हद तक उबाऊ होने के बावजूद शीर्षस्थ बेस्ट सेलर बन सका और प्रकाशक को भारी मुनाफा दिला गया।

विचारधारा की समीक्षा और अर्थ के वर्चस्व की बात आज तो सर्वत्र की जा रही है लेकिन बरसों पहले पी.इ.एन. के पेरिस सम्मेलन में अध्यक्ष पद से बोलते हुए आर्थर मिलर इस ओर ध्यान दिला चुके थे कि

पूँजीवादी व्यवस्था में कलाकारों और साहित्यकारों के विप्लवी-विद्रोही तेवर महज एक शगल का दर्जा रखते हैं सत्ता प्रतिष्ठा प्रतिष्ठान के लिए। सत्ता प्रतिष्ठान बगावत करने वाले लेखकों को सजा नहीं, इनाम देता है। उन्होंने कहा था कि यह वह दौर है जिसमें समाज की तमाम मान्यताओं की ऐसी-तैसी फेरने वाला, तमाम तरह के छिटपुट अपराधों के लिए कैद किया गया ज्यां जेने एक प्रतिष्ठित लेखक सार्त्र द्वारा खोजा जाता है और फिर मीडिया इस अजूबे को जम्हूरा बनाकर दुनिया के सामने पेश करता है कि तालियाँ बजाओ और इस पर पैसा बरसाओ। जगर मिलर की बात आगे बढ़ाएँ तो कहा जा सकता है कि मास मीडिया क्रान्तिकारिता को इस आगम से आमन्त्रित करता है कि वह कोई क्रान्तिकारी बात कहकर लोगों को चौंकाएँगे। इस विश्वास से बुलाया जाता है कि उनकी क्रान्तिकारी बात कहने से कोई क्रान्ति हो नहीं सकती। आर्थर मिलर जिस बदले माहौल की ओर इशारा कर रहे थे उसमें सजावटी कला का विरोध करने वाले आधुनिक क्रान्तिकारी कलाकारों की कृतियाँ अमीरों के घरों-दफ्तरों की सजावट के लिए मुँह माँगे दामों पर बेची और खरीदी जाती हैं। आधुनिक और क्रान्तिकारी कलाकार मंडी में अपना भाव बनाने के लिए मास मीडिया से अपना प्रचार कराते हैं।

मेरे कहने का मतलब यह हरगिज न लगाया जाय कि मैं मास कल्चर का पक्षधर हूँ या कि मैं मास मीडिया को साहित्यकार के लिए स्वर्ग मानता हूँ। सच तो यह है कि साहित्यकार के लिए मास मीडिया अक्सर नरक ही साबित होता है। जब तक पूँजी खुद उसकी ही न हो या कि उसे पूरी रचनात्मक स्वतन्त्रता दी गयी हो तब तक उसे अपने मन के मुताबिक नहीं बल्कि दूसरों के कहे के मुताबिक लिखना पड़ता है। भले ही मास मीडिया में सरस्वती के साधक की भूमिका केन्द्रीय होती है तो भी लक्ष्मी के साधक उसे सबसे नीचे आसन पर बैठाते हैं। सफलता का श्रेय उसे कभी नहीं मिलता, हाँ विफलता का श्रेय अनिवार्य रूप से उसे ही दिया जाता है। अगर वह स्वयं निर्माता या पत्र-पत्रिका का मालिक बन जाए तो भी उसे मंडी के तकाजों की गुलामी स्वीकार करनी पड़ती है। बाजार क्या चाहता है—यह बताने का ठेका बाजार के तथाकथित जानकारों ने ले रखा है। ये पूँजी निवेश और विक्रय के विशेषज्ञ होते हैं जो पुस्तक और पापड़-टेलीविजन धारावाहिक और टूथ पेस्ट अखबार और अचार, फिल्म और फ्रूट जूस सभी को बेचने वाली

वस्तुएँ मानते हैं। आजकल भारत के एक प्रतिष्ठित समाचार पत्र समूह में अपनी पत्र-पत्रिकाओं को विभिन्न 'ब्रांड' मानने और पुकारने का रिवाज चल पड़ा है।

जिस हद तक मास मीडिया व्यवसाय ही नहीं कला भी है उस हद तक 'ब्रांड' की सफलता का आश्वासन देने वाला कोई फॉर्मूला न निकल सकता है, न निकाला जा सकता है। अगर निकाला जा सकता होता तो ये जानकार एक के बाद एक हिट प्रोग्राम या फिल्में देते चले जाते तो भी उन्होंने कुछ मान्यताएँ बना रखी हैं जिन्हें वे लेखकों पर लादते हैं। उदाहरण के लिए उनकी मान्यता है कि सेक्स और हिंसा वाले कथानक अधिक सफल होते हैं क्योंकि सेक्स और हिंसा सार्वभौम है। हर देश काल में बिक सकती है, चल सकती है। इसी तरह उनकी मान्यता है कि कथानक में ऐसा कुछ भी नहीं होना चाहिए जो क्षेत्र विशेष की भाषा संस्कृति में बहुत ज्यादा रचा-बसा हो क्योंकि उस दशा में फिल्म या टेलीविजन कार्यक्रमों का चुनाव करने में विज्ञापन एजेंसियों की बहुत बड़ी भूमिका है। इन एजेंसियों में काम करने वाले ज्यादातर लोग पूरी तरह शहरी ही नहीं पश्चिमी रंग में भी रँगे हुए हैं। कोजागरी पूर्णिमा पर खीर खाये जाने का प्रसंग आने पर ये सिर खुजाते हुए पूछते हैं कि 'वॉटस दैट मिस्टर जोशी'? फिर जवाब को ऐसी दिलचस्पी से सुनते हैं कि इस तरह की चीज सारी दुनिया में क्या, सारे देश में ही नहीं समझी जाएगी। शंका करते हैं और कटवा देते हैं।

इन विशेषज्ञों की यह मान्यता है कि अमीर ग्राहक तक पहुँचना जरूरी है और अमीर ग्राहक स्वयं उनकी तरह पूरी तरह पश्चिमी रंग में रँगा हुआ है। उनका बार-बार आग्रह होता है कि 'प्रोडक्ट' को 'अपमार्केट' गोया पश्चिमी रंग में रंगे हुए अमीर भारतीयों को पसन्द आ सकने लायक बनाया जाय। कथानक अमीरों के बारे में हो और वे सब के सब अंग्रेजीदाँ अमीर हों। हर सोप ऑपेरा में हर दृश्य किसी पात्र को किसी अन्य पात्र द्वारा थप्पड़ रसीद कर दिये जाने और 'बास्टर्ड' या 'बिच' का खिताब अता फरमाए जाने के साथ खत्म किया जाय। ये विशेषज्ञ बार-बार दावा करते हैं कि पिछले दशक में दर्शक की रुचि में जबरदस्त परिवर्तन आ चुका है। अब वह 'हम लोग' नहीं, 'सांटा बार्बरा' चाहता है। यह बात अपनी जगह पर किसी हद तक सही हो भी सकती है किन्तु जैसा मास मीडिया का अध्ययन करने वाले समाजशास्त्रियों ने बताया है

कि बदलते समाज का मास मीडिया पर जितना असर होता है उससे ज्यादा असर समाज को बदलने में मास मीडिया का होता है। और मास मीडिया 'अपमार्केट' होने की कोशिश में हमेशा उन परिवर्तनों को अपनाता है जो समाज के मुट्ठीभर अत्यन्त अमीर, आधुनिक, निर्बन्ध लोगों की बिरादरी में उसे होते नजर आते हैं। गोया अगर भारत में चन्द अमीर शहरी लोग देसी अभिवादन भूलकर 'हाइ-बाइ' कहना शुरू कर देते हैं तो मास मीडिया यह मान लेता है कि समाज के सभी वर्गों में ऐसा ही होता है और अगर नहीं होता है तो होना चाहिए। फिर देखते-देखते मास मीडिया के प्रभाव में समाज के अन्य वर्ग भी अमीर और आधुनिक, शहरी समझे जाने के लालच में 'हाइ-बाइ' करने लगते हैं। अमेरिका के एक समाजशास्त्री ने कुछ वर्ष पहले इस ओर ध्यान दिलाया था कि जहाँ मतगणना के आँकड़ों के अनुसार अमेरिका में अविवाहित माताओं का अनुपात 20 प्रतिशत है वहाँ अमेरिकी सोप ऑपेराओं में यह प्रतिशत लगभग 90 हो चला है।

इसमें भी कोई सन्देह नहीं कि मंडी के इशारों पर नाचने वाला मास मीडिया ज्यादातर कचरा ही परोसता है। इस सम्बन्ध में अमेरिकी लेखक-दिग्दर्शक-हास्य अभिनेता वुडी एलनन की यह उक्ति अक्सर उद्धृत की जाती है कि हॉलीवुड के साफ-सुथरा होने का राज यह है कि वहाँ फिल्म और टेलीविजन निर्माता सारे कूड़े-कचरे को अपनी कृतियों में बदल देते हैं। कोकाकोला कल्चर के दुष्प्रभाव के बारे में जितनी चिन्ता भारत-जैसे देशों के बुद्धिजीवी व्यक्त कर रहे हैं उतनी ही, बल्कि उससे भी ज्यादा चिन्ता स्वयं अमेरिकी बुद्धिजीवी व्यक्त कर चुके हैं। किन्तु उनकी चिन्ताओं के बावजूद यह संस्कृति अमेरिका में ही नहीं, उन देशों तक में हावी होती जा रही है जहाँ प्रशासनिक और राजनीतिक स्तर पर बाकायदा इसका विरोध किया गया है। जैसा कि फ्रांस के एक बुद्धिजीवी ने झल्लाकर कहा था खुद फ्रांसीसी टेलीविजन अमेरिकी टेलीविजन जैसे कार्यक्रम बनाना चाहता है और कचरा कार्यक्रम बनाने के मामले में अमेरिकी हमसे कहीं बेहतर हैं। आखिर दूसरे देशों के लोग भी अमेरिकी कार्यक्रम या उनके नकल पर बने कार्यक्रम क्यों देखना चाहते हैं? अमेरिकी धारावाहिक 'डैलेस' के अपने देश में लोकप्रिय होने पर जब डेनमार्क के बुद्धिजीवियों ने हो-हल्ला मचाया तब एक अमेरिकी टिप्पणीकार ने कहा कि हम लोगों ने आपके दर्शकों के सिर पर पिस्तौल नहीं तान

रखी है कि 'डैलेस' देखें।

कोकाकोला कल्चर के अमेरिकी पक्षधरों का कहना है कि अमेरिका आज सारे विश्व के लिए लोकतन्त्र, समानता, आशावादिता और भरपूर उपभोग का प्रतीक बन चुका है। दूसरे विश्व युद्ध के बाद संस्कृति के क्षेत्र में यूरोप की केन्द्रीय सत्ता नहीं रही है और अब अमेरिका का ही वर्चस्व है। साम्यवादी सोवियत संघ के विघटन के बाद मुक्त मंडी, मुक्त व्यक्ति और उन्मुक्त उपभोग की पैरवी करने वाले अमेरिकी पूँजीवाद का सारी दुनिया में डंका बजने लगा है। अमेरिकी मास कल्चर की विश्वव्यापी स्वीकृति बताती है कि सारे विश्व में युवा पीढ़ी ने आधुनिक अमेरिकी जीवन दर्शन शिरोधार्य कर लिया है। अमेरिकी मास कल्चर जवानी के जोश और जवानी की उम्मीदों का कल्चर है। अमेरिकी मास मीडिया के कार्यक्रम सारी दुनिया में इसलिए देखे और सराहे जा रहे हैं कि जिस तरह स्विट्ज़रलैंड वाले सबसे अच्छी घड़ियाँ बनाते हैं उसी तरह अमेरिका वाले सबसे अच्छे युवा-स्वप्न बनाते हैं।

अमेरिकी मास कल्चर के पक्षधरों का कहना है कि वह इसलिए विश्वव्यापी हो सका है कि अमेरिका में सारे विश्व का, अमेरिकी, एशियाई, अफ्रीकी, और यूरोपीय मूल के लोगों का संगम हुआ है। वे इस ओर ध्यान दिलाते हैं कि अमेरिकी लोकप्रिय संगीत अलग-अलग उपमहाद्वीपों की संगीतों को अपने में समाये हुए है। इन लोगों के अनुसार कोकाकोला कल्चर सार्वभौम युवा कल्चर है। उसे आज की दुनिया के युवाओं की लोकसंस्कृति का दर्जा दिया जा सकता है और उसकी फिल्मों और टेलीविजन धारावाहिकों को मिथक-पुराण का।

इस तरह के दावे हद से हद आंशिक रूप से ही सत्य माने जा सकते हैं। लोकसंस्कृति और मिथक-पुराण लोक-मानस से सहज ही उत्पन्न होते हैं और स्थायी होते हैं। मास कल्चर लोक से ऊपर और अलग बैठी मनोरंजन उद्योग की सत्ता द्वारा जनरुचि के बारे में अपनी अटकलों के आधार पर निर्मित और प्रसारित किया जाता है। उसे फैशन की तरह चलाया जाता है और फैशन की तरह ही वह आया-गया हो जाता है। इसी तरह यहाँ इसमें कोई सन्देह नहीं कि जन-जन तक पहुँच रखने वाला और ताजे विचार और समाचार पहुँचाने वाला मास मीडिया लोकतन्त्र का प्रतीक है वहाँ मास मीडिया का संचालन करने वाली मंडी अर्थव्यवस्था की यह स्थापना भ्रामक है कि 'पब्लिक इंट्रेस्ट इज़ पब्लिक इंट्रेस्ट' गोया

जनरुचि ही जनहित को परिभाषित करती है। जो लोगों को पसन्द आता है वह लोगों के लिए अच्छा होता है। जैसा कि अमेरिकी टिप्पणीकार ने यह कहा था, जनता की रुचि तो नशीले पदार्थ खाने में भी हो सकती है लेकिन नशीले पदार्थों का चलन जनहितकारी तो नहीं कहा जा सकता।

जब बात यहाँ पर पहुँचती है तब मर्यादा और संस्कृति के घनिष्ठ सम्बन्ध की बात उठती है। समाजशास्त्री कहते हैं, बिना वर्जना और निषेध के कोई संस्कृति नहीं हो सकती। उनकी बातें सुनकर दिमाग में इस तरह के फिकरे उठते हैं कि संस्कृति की सीता वर्जनाओं की लक्ष्मण रेखा के मध्य ही शोभायमान होती है। जाहिर है कि इस तरह के फिकरों से रूढ़िवाद की गन्ध आती है और सारी आधुनिकता रूढ़िवाद-विरोधी रही है। जो लोग कोकाकोला कल्चर को विश्वव्यापी युवा कल्चर कहते हैं वे इस अर्थ में सही हैं कि यह कल्चर युवा मन की सारे सामाजिक बन्धन तोड़ने, परम्परा के पिंजड़े से उड़ निकलने और अपना जीवन अपने ढंग से जीने की ललक की अभिव्यक्ति करता है। यह पहली संस्कृति है जो युवाओं को समर्पित है और किसी भी प्रकार का अनुशासन स्वीकार नहीं करती और पुराने संस्कारों को तिलांजलि देने में विश्वास रखती है। अफसोस कि वही आधुनिक जीवन दृष्टि का सार भी है। अनुशासन या संस्कार की बात करते ही इंसान पोंगापन्थी नजर आने लगता है। लोकतन्त्र और निर्बन्ध मंडी अपर्यायवाचीय बन चले हैं और निर्बन्ध मंडी में संस्कृति पर माँग और खपत के अलावा और कोई प्रतिबन्ध लगाने नहीं दिया जा सकता। यों भी सेंसर की बात करना व्यक्ति-स्वातन्त्र्य के उस आग्रह के खिलाफ पड़ता है जो आधुनिक जीवन दृष्टि का आधार है।

तो मास मीडिया और ग्लोबल इकोनोमी की मेहरबानी से सारा विश्व एक बड़ा सा बाजार बनता जा रहा है और उसमें पुराने, जिन्हें सामन्ती भी कह सकते हैं, मानकों के अनुसार बाजारू संस्कृति पनप रही है। भारत जैसे देशों में जो कोलोनाइजेशन के दौर में पहले ही सांस्कृतिक हीन भावना से ग्रस्त हो चुके थे, इस कोकाकोलानाइजेशन के इस दौर में दुहरी हीन भावना पनप रही है और उनका मास मीडिया बाजारू भी अपने ढंग से नहीं हो पा रहा है। ध.ध.ध.ध. धड़ल्ले से अमरीकी हुआ जा रहा है। साहित्य और वाणिज्य के, कला और वाणिज्य के इस

घालमेल से मैं भी उतना ही दुखी हूँ जितना कि मेरे वे बन्धु जो मास मीडिया से अपना दामन बचाकर रख सके हैं। लेकिन अगर वाणिज्य सर्वव्यापी है तो लेखक अपनी गुजर-बसर के लिए क्या करे? क्या वह सरकार से या सेठों से कहे कि सामन्तों की तरह आप भी अपने दरबार में साहित्यकार, संगीतकार, कलाकार वगैरह पाले? न्यास बना दे जो उनकी गुजर-बसर का बढ़िया प्रबन्ध कर दे? क्या इन न्यासों के सांस्कृतिक सामन्तों की गुलामी किसी रचनाकार के लिए मंडी की गुलामी से बेहतर हो सकती है? या कि पीठों की स्थापना करवा के समस्त रचनाकारों के लिए निरापद व्यवसाय अध्यापन की व्यवस्था करवा ली जाये? संस्कृति को अकादमियों और विश्वविद्यालयों तक सीमित करा दिया जाये?

मास मीडिया के घटियापन पर नाक-भौं सिकोड़ने वाली हाई ब्राउ बिरादरी क्या यह चाहती है कि जनता-छाप मास मीडिया उसकी इंटेलेक्चुअल छाप कृतियों का प्रसारण करे? टेलीविजन से फिल्मी गीतों की जगह नयी कविता का प्रसारण होता रहे? क्या इसमें उसे विरोधाभास नजर नहीं आता? या कि इस बिरादरी का यह कहना है कि लोकप्रिय माध्यम से लोकप्रिय कार्यक्रम तो हों लेकिन बेहतर ढंग के? लोकतन्त्र के झंडाबरदार की हैसियत से मास मीडिया जन-जन का जो मनोरंजन करे वह स्वस्थ श्रेणी का हो? और इस मनोरंजन के साथ-साथ वह ज्ञान-वर्द्धन शिक्षण-प्रशिक्षण का दायित्व भी सँभाले। अगर ऐसा है तो अनिवार्य हो जाता है कि वे स्वयं मास मीडिया से जुड़े और मंडी के तमाम दबावों के बीच भी बेहतर कार्यक्रम बनाये और उन्हें लोकप्रिय कर दिखाये।

अगर यह बिरादरी यह मानती है कि संस्कृति को मंडी के भरोसे नहीं छोड़ा जा सकता तो क्या यह मास मीडिया के सरकारी बना दिये जाने के पक्ष में है याकि वह संस्कृति की सीता की बाजार व्यवस्था के रावण द्वारा हरण कर लिया जाना रोकने के लिए लक्ष्मण रेखाएँ खींचने वाली सेंसर-व्यवस्था के पक्ष में है? क्या वह सेंसर-व्यवस्था को लोकतन्त्र के विरुद्ध नहीं मानती? लक्ष्मण रेखाओं का निर्धारण वह किस पर सौंपना चाहती है? विवेकहीन दफ्तरशाही पर? मत-मतान्तरों से ग्रस्त राजनीति पर कि आज नरसिम्हाराव का सेंसर चल रहा है तो कल ज्योति बसु का? याकि वह लोकतन्त्र के विरोधी फलोबेयर और अर्तिगा इ गास्से की तरह यह मानने लगी है कि राज-काज का संचालन प्रबुद्ध विद्वत्

समाज को सौंप देना चाहिए? इस विद्वत् सभा का चुनाव कौन करेगा?

इसमें सन्देह नहीं कि अपमार्केट के नाम पर मास मीडिया अपसंस्कृति का प्रचार-प्रसार कर रहा है लेकिन उससे निपटने के लिए पुरातनपन्थियों का 'सत्यम शिवम् सुन्दरम्' का मंत्र जितना नाकाफी है उतना ही नाकाफी है आधुनिकता क्रान्तिकारिता का फ्रायडम्-मार्क्स-आवांगार्दम् का जाप। कोकाकोला कल्चर से लड़ने के लिए उस आधुनिक यूरोपीय जीवन-दर्शन को हथियार नहीं बनाया जा सकता जो स्वयं कोकाकोला कल्चर का जीवनदाता है। किन्तु साथ ही उससे लड़ने के लिए सामन्ती अतीत में भी लौटा नहीं जा सकता। तो किया क्या जा सकता है? शायद केवल यह आशा कि बाजारू संस्कृति को देने वाली वह बाजार अर्थव्यवस्था, जो एक विद्वान के अनुसार लोकतन्त्र का आभूषण नहीं, आत्महत्या का औजार है, लोक द्वारा उसी तरह अस्वीकार कर दी जाएगी जिस तरह सर्वहारा की तानाशाही अस्वीकार कर दी गयी। व्यक्ति-केन्द्रित पश्चिमी चिन्तन की जगह कोई समष्टि-केन्द्रित और समग्रतावादी जीवन-दर्शन उभरेगा और मास मीडिया की मेहरवानी से उसे विश्वव्यापी स्वीकृति मिलेगी।

आपको सूचित किया जाता है कि सूचना क्रान्ति हुआ चाहती है

नमस्कार! एयर इंडिया के महाराजा की बैठक में आपका स्वागत है। बड़े सन्तोष का विषय है कि आप इस समय अपनी आँखों के माध्यम से मेरे द्वारा दी गयी सूचना को अपने मस्तिष्क के कम्प्यूटर तक सम्प्रेषित करने को तैयार हो गये हैं और मस्तिष्क का कम्प्यूटर इस सूचना के सम्भरण की तैयारियों में जुट गया है ताकि आवश्यकता पड़ने पर इस सूचना का आपको स्मरण करा सके। आपको एतराज हो सकता है कि मैं सीधे से यह क्यों नहीं कह रहा हूँ कि आप मेरा लेख पढ़ रहे हैं और अगर इसमें कोई बात आपके काम की हुई तो आप उसे याद रख लेंगे। बात यह है कि इधर सूचना क्रान्ति का बहुत शोर है और मैं उत्साह में उसके ही मुहावरे में बात करने बैठ गया हूँ। इस मुहावरे को सीखे बिना आजकल सेमिनारों की शोभा बढ़ाने वाले विशेषज्ञों की बात पल्ले ही नहीं पड़ पाती।

सूचना का ऐसा शोर हो रहा है कि कभी-कभी लगता है कि सूचना और सम्प्रेषण की खोज अभी-अभी हुई है। लेकिन सूचना तो प्रकृति का एक हिस्सा है, वैसे ही जैसे पदार्थ और ऊर्जा है। मिसाल के लिए बीज केवल बीज ही नहीं है, फूलों और फलों से लदे हुए एक पेड़ की सूचना भी है। इसी तरह जीन रसायन ही नहीं, होने वाले बच्चे के एक-एक जीव कोष के नक्शे-नमूने की पूरी सूचना भी है। विकास क्रम में शुरू-शुरू में

आये हुए प्राणियों में प्रकृति ने जिन्दगी के लिए आवश्यक सारी जानकारी इन्हीं 'जीनों' की मार्फत पहुँचाने की व्यवस्था कर छोड़ी थी। ऐसे प्राणियों के बच्चे सीखे-सिखाये पैदा होते हैं। विकास क्रम में आगे जो प्राणी आये उनके लिए यह जरूरी हुआ कि बच्चों को कुछ सिखायें। सिखाया तभी जा सकता है जब आपको जो आता हो, वह आप दूसरों को बतायें। जो आपको आता है उसे सूचना कहा जाता है और उसे बताने के काम को सम्प्रेषण।

सम्प्रेषण की सबसे ज्यादा जरूरत विकास क्रम के सिरमौर मानव ने महसूस की। इसलिए ही नहीं कि कोई बात उसके पेट में पचती नहीं, बल्कि इसलिए भी कि जितना लाचार मानव-शिशु होता है, उतना किसी और जानवर का बच्चा नहीं। वह बहुत ही कम सीखा-सिखाया हुआ आता है, लिहाजा उसे बहुत कुछ सिखाने की जरूरत पड़ती है। इसीलिए आदिमानव को यह जरूरत महसूस हुई कि बच्चों को सिखाने-समझाने के लिए और जानवरों की तरह दो-चार किस्म की आवाजें निकालने से आगे बढ़े। इस कोशिश में भाषा की खोज हुई। कैसे हुई इस बारे में कई अटकले हैं। सम्भव है प्राकृतिक ध्वनियों की नकल करते-करते भाषा निकल आयी या फिर सुख-दुख व्यक्त करने वाली चीखों और हुक्म चलाने के लिए की गयी डाँट-डपट से ही होते-होते भाषा निकल आयी हो। कुछ लोगों का खयाल है कि शुरू में इंसान ने इशारों की भाषा का इस्तेमाल किया और इशारा करने के साथ-साथ कुछ खास तरह की आवाज भी निकालनी शुरू की ताकि अगर इशारा करने के लिए हाथ खाली न हो तो उस आवाज़ को निकालकर ही काम चला ले। भाषा इन्हीं आवाज़ों से निकली। एक अटकलें यह भी है कि आदिमानव ने शिशुओं की तरह 'आ' की मात्रा से सुशोभित कुछ व्यंजन उचारने शुरू किये। मिसाल के लिए 'दा-दा', 'पा-पा', 'ना-ना', 'बा-बा' वगैरह और इसी बुदबुदाहट में से बोलियाँ निकल आयीं। इसीलिए संसार की बहुत-सी भाषाओं में रिश्तेदारियों की संज्ञाएँ ऐसे ही शब्दों से बनी हैं।

जो हो, इंसानी खोपड़े और इंसानी भाषा में बहुत ही बुनियादी किस्म का नाता है। हमारा मस्तिष्क भाषा के लिए ही बनाया गया है और भाषा हमारे मस्तिष्क की ही उपज है। यही वजह है कि मानव शिशु में भाषा सीखने की अद्भुत क्षमता होती है। जीवन के शुरू के वर्षों में, खासतौर से पहले चार सालों में उसे जो-जो और जैसी-जैसी भाषाएँ

सुनने को मिलती हैं, वह उन्हें आसानी से सीख जाता है। उनका अलग-अलग व्याकरण उसे बैठाकर समझाने की जरूरत नहीं पड़ती। इस चमत्कार के चलते ही आज से कोई दस लाख वर्ष पहले इंसानी बुजुर्गों ने इंसानी बच्चों को भाषण पिलाने का सुखद सिलसिला शुरू किया। बच्चे का भाषा को समझ सकना कितना बड़ा चमत्कार है, इसका अनुमान इसी से लगाया जा सकता है कि सयाने लोग कोई अजनबी भाषा बहुत ही मुश्किल से सीख पाते हैं और उसका कभी भी अधिकारपूर्वक इस्तेमाल नहीं कर पाते।

लाखों वर्षों तक इंसान बोली हुई भाषा से ही सन्तोष करता रहा। फिर उसने सम्प्रेषण के लिए चित्र बनाने शुरू किये। बैल लिखना हो तो बैल का चित्र बना दो और गधा लिखना हो तो गधे का। फिर उसने यह सोचा कि कौन पूरा चित्र बनाने का कष्ट करे। इसलिए बैल और गधे का सिर ही बना देना काफी मान लिया। इस तरह चित्र-लिपियाँ शुरू हुईं। आगे चलकर बैल का पूरा सिर न बनाकर खाली उसका खाका बनाया जाने लगा। फिर खाके को और-और सरल किया जाता रहा। इस तरह चित्र- लिपि निकली। ऐसी लिपियाँ आज भी चीन और जापान में इस्तेमाल की जाती हैं। इनमें एक बड़ी दिक्कत यह है कि साक्षर होने के लिए हज़ारों आखर सीखने पड़ जाते हैं। चीन में लिपि को सरल बनाने के तमाम सुधारों के बावजूद आज भी साक्षर होने के लिए दो हजार 'चित्र' सीखने पड़ते हैं।

तो इंसान ने चित्र की जगह साधारण लिपि अपनानी शुरू की। सुमेरियाई भाषा में 'ती' शब्द का मतलब तीर होता था और इसके लिए तीर का निशान बनाया जाता था। बाद में यह निशान तीर का नहीं, बल्कि 'ती' की ध्वनि का निशान माना जाने लगा। इस तरह के निशानों को आपस में जोड़कर दूसरे शब्द बनाये जाने लगे। अन्ततः यूनान में इन्हीं से अक्षरों वाली लिपि निकाली गयी। अभी जिस बैल के चित्र की बात की जा रही थी वही होते-होते 'अब' का ध्वनि प्रतीक बन गया था। यूनानी भाषा में यह ध्वनि नहीं थी इसलिए उन्होंने इसे 'अ' यानी यूरोपीय भाषाओं के 'ए' का प्रतीक मान लिया। साधारण लिपि निकल आने से सम्प्रेषण में बहुत सुविधा हो गयी। सम्प्रेषण जितना ज्यादा बढ़ता है उतने ज्यादा लोग एक-दूसरे से जुड़ते हैं। एक से दो हमेशा से भले होते आये हैं और दो की जगह सम्प्रेषण की बदौलत दो हजार, दो

लाख या दो करोड़ जुड़ जायें तो समस्याओं के हल तेजी से निकलते हैं और प्रगति की रफ्तार जोर पकड़ती है। सम्प्रेषण का नया साधन 'साधारण लिपि' यूनान के हाथ में क्या आया, उसने एक नयी सभ्यता को जन्म दे डाला और यही सभ्यता आगे चलकर उस योरीपीय सभ्यता की प्रेरणा बनी जो आज सारी दुनिया पर हावी है।

सम्प्रेषण का हर नया साधन निकलने के साथ मानव समाज में व्यापक परिवर्तन हुआ और परिवर्तन की रफ्तार हर बार पहले से कहीं ज्यादा रफ्तार पकड़ती चली गयी। इंसान ने बोली हुई भाषा से लिखी हुई भाषा तक की यात्रा करने में पाँच करोड़ वर्ष लगाये, लेकिन लिखी हुई भाषा से छपी हुई भाषा तक पहुँचने में उसे पाँच हजार वर्ष ही लगे और छपी हुई भाषा से प्रसारित भाषा तक पहुँचने में यानी छापाखाने से रेडियो और फिल्म टेलीविजन तक पहुँचने में सिर्फ पाँच सौ वर्ष लगे और प्रसारित भाषा से कम्प्यूटर भाषा तक पहुँचने में तो पचास वर्ष से भी कम समय लगा है। इधर जब से कम्प्यूटर उर्फ संगणक और टेलीकम्युनिकेशंस उर्फ दूरसंचार का गठबन्धन कर दिया गया है, तब से यह कहा जा रहा है कि कम्युनिकेशंस उर्फ संगणक-सम्प्रेषण का दौर शुरू हो गया है और सूचना समाज की स्थापना हो रही है।

अमेरिका जैसे देशों में कहा जा रहा है कि 'कम्प्यूनिकेशन' के आ जाने से मानवीय जीवन में उतना ही व्यापक परिवर्तन अब हुआ चाहता है जितना कि अक्षर लिपि की खोज से हुआ था। आज भी अमेरिका की राष्ट्रीय आय का पचास प्रतिशत से भी ज्यादा हिस्सा ऐसी गतिविधियों से पैदा हो रहा है, जिनका सम्बन्ध सूचना जमा करने, सूचना दूर-दूर तक पहुँचाने, सूचना की अदला-बदली करने और सूचना के सहारे लोगों के विचार अपने पक्ष में बदलने से है। औसत अमेरिकी नागरिक डेढ़ सौ वर्ष पहले तक किसान हुआ करता था, 75 वर्ष पहले तक श्रमिक, लेकिन आज वह कम्प्यूटर क्लर्क है।

क्लर्क यानी बाबू यानी फाइलों के लिए कागज काले करने वाला कलम-घिस्सू जब कम्प्यूटर के आगे बैठा दिया गया है तब एक ही बार में कलम, कागज़, फाइल, टाइपराइटर सब साफ हो गये हैं और हाँ, रद्दी कागज़ों की टोकरी भी। कम्प्यूटर ही टाइपराइटर है। फाइल पर जो लिखना है या टाइप करना हो वर्ड प्रोसेसर्स से अंकित कर दीजिए। कोई भूल सुधार करना हो तो वह भी कम्प्यूटर कर देगा। कोई सूचना 'फाइल'

में से हटानी हो तो वह भी कम्प्यूटर हटा देगा।

आपको किसी को कोई चिट्ठी भेजने की जरूरत नहीं है। कम्प्यूटर और दूर-सम्प्रेषण के साधनों का गठबन्धन हो जाने से इलेक्ट्रॉनिक मेल चल निकली है। आप अपने कम्प्यूटर पर चिट्ठी टाइप कर दीजिए, वह एक टेलीफोन सन्देश के रूप में दुनिया में कहीं भी पहुँच जायेगी और जिसके टेलीफोन नम्बर को सम्बोधित हो, उसके टेलीफोन रिसीवर की सहायता से उसके कम्प्यूटर में अंकित हो जायेगी। कलम-घिस्सू जितने गैर-जरूरी हुए चले जा रहे हैं और उतने ही अटकल-पच्चू फैसले देने वाले ये लोग भी जिन्हें साहब कहा जाता था। अब सिर्फ सलाहकार विशेषज्ञ जरूरी हैं। ऐसे विशेषज्ञ जो आपके कार्यालय के कम्प्यूटरों को वहाँ के काम का विशेषज्ञ बना सके। इनका बनाया हुआ 'एक्सपर्ट सिस्टम' अपने कार्यालय के कम्प्यूटर में डाल दीजिए, वह रोजमर्रा के कामकाज के छोटे-बड़े फैसले आज तक की तमाम जानकारी और तजुर्बे के आधार पर बहुत आसानी से कराता चला जाएगा।

सूचना समाज के लिए सूचना ही सोना है, ज्ञान ही शक्ति है। लेकिन आज हर क्षेत्र में ज्ञान इतना ज्यादा है, सूचना का भंडार इतनी तेजी से बढ़ रहा है कि बड़े से बड़े पंडित के लिए भी अपने विषय की पूरी और पक्की जानकारी रख सकना असम्भव है। किसी के लिए भी यह सम्भव नहीं कि सारी पुस्तकें और पत्र-पत्रिकाएँ पढ़ सके। इसीलिए उन्नत देशों में 'सार-संक्षेप' देने का धन्धा चल निकला है। कम्प्यूनिकेशंस के दौर में यह सम्भव है कि आपका कम्प्यूटर ऐसे कम्प्यूटरों से जुड़ा रहे, जिनमें आपकी दिलचस्पी के विषय की नयी-पुरानी सारी जानकारी भरी रहती हो। जो पहले उन्हें आपको सार-संक्षेप के रूप में दिखाता हो और फिर जिस लेख का आपको ब्योरा दरकार हो, उसे आपके कम्प्यूटर पर अंकित कर देता हो। इस तरह कम्प्यूनिकेशंस की कृपा से एक औसत बुद्धि वाला इंसान भी बड़े से बड़े पंडित से ज्यादा जानकार बन सकता है।

घर-घर में कम्प्यूटर आ जाने से इस बात की सम्भावना बढ़ती चली जा रही है कि घर में ही दफ्तर भी खुल जाएगा। जरूरत सिर्फ इतनी होगी कि घर का कम्प्यूटर बड़े दफ्तर के कम्प्यूटर से जुड़ा हुआ हो। कई विशेषज्ञ तो उन्नत देशों में किसी तरह घर बैठे अपना व्यवसाय चलाने लगे हैं। कुछ कम्पनियों ने अलग-अलग बस्तियों में अपने कम्प्यूटर केन्द्र

स्थापित कर दिये हैं ताकि उस बस्ती के कर्मचारी वहीं से सारा काम-काज कर सकें। ऐसा कहा जा रहा है कि इस प्रवृत्ति से बड़े-बड़े कार्यालयों और शहरों वाला औद्योगिक युग का तौर-तरीका समाप्त हो जाएगा। इंसान ऐसी छोटी-छोटी बस्तियों में रहने लगेगा, जो कम्प्यूनिकेशंस द्वारा एक-दूसरे से और केन्द्रीय प्रतिष्ठान से जुड़ी हुई रहा करेंगी। इससे और कुछ न हो, कम से कम सवारी की समस्या का हल तो निकल ही आयेगा। अगली शताब्दी के शुरू के दशकों में दुनिया का सारा पेट्रोल जब खत्म हो जाएगा तब यह समस्या सचमुच विकराल हो उठेगी।

कम्प्यूनिकेशंस के दौर में पत्र-पत्रिकाओं की छपाई में भी क्रान्तिकारी परिवर्तन हो रहा है। लेखक, संवाददाता, सम्पादक सभी कम्प्यूटरों से जुड़े हुए हैं। संवादों का सम्पादन वीडियो के परदे पर ही कर दिया जा रहा है। और इसी परदे पर पेज बनाने का काम भी हो रहा है। कम्प्यूटर से बने हुए ये पेज सेटेलाइट द्वारा दूर-दराज इलाकों को प्रसारित किये जा रहे हैं और वहाँ इन्हें छापकर बाँट दिया जा रहा है। आज अमेरिका की प्रसिद्ध पत्रिका 'टाइम' न्यूयॉर्क में सम्पादित होती है और शिकागो से उसके तैयार पृष्ठ प्रसारित किये जाते हैं। हांगकांग में उस प्रसारण को ग्रहण करके 'टाइम' का एशियाई संस्करण छापा जाता है। हो सकता है कि अगली सदी तक पहुँचते-पहुँचते पत्रिका छापने की बात ही खत्म कर दी जाये। पाठक सीधे उसका प्रसारण अपने कम्प्यूटर के परदे पर अंकित होने दे।

सूचना के दो आयाम माने जाते हैं। ज्ञानवर्द्धन और मनोरंजन। कम्प्यूनिकेशंस के दौर में मनोरंजन पूरी तरह टेलीविजन के हाथ में आ गया है और सेटेलाइटों की मेहरबानी से उसकी पहुँच राष्ट्र-व्यापी और विश्वव्यापी हो गयी है। अमेरिका में ऑस्कर या ग्रेमी पुरस्कार दिये जाते हैं तो उनका सीधा प्रसारण संसार के कई देशों में होता है। कुछ और देश बाद में उनकी रिकार्डिंग प्रसारित करते हैं। इस प्रवृत्ति के चलते स्थानिक आवश्यकताओं की अवहेलना होने और स्थानिक संस्कृतियों के रौंद दिये जाने का खतरा प्रस्तुत हुआ है। कम्प्यूनिकेशंस के पक्षधरों का कहना है कि हमारी टेक्नोलॉजी इन खतरों से निपटने के उपाय भी पेश कर रही है। पत्र-पत्रिकाओं के लिए सम्भव है कि वह अलग-अलग क्षेत्रों के लिए उनकी आवश्यकता के अनुसार कुछ अलग पृष्ठ भी डाल दिया करें। टेलीविजन में स्थानिक चैनल हैं और ये केवल टी.वी. से यह सम्भव है

कि ग्राहक अपनी पसन्द का ही कार्यक्रम देखे। मगर आलोचकों का कहना है कि ये नये चोचले गरीब लोगों और देशों की पहुँच से बाहर रहेंगे और उन्हें वह मनोरंजन प्राप्त होगा, जो विज्ञापनों के भरोसे चलने वाली विराट सेवाएँ प्रस्तुत करती हैं।

कम्प्यूनिकेशंस के आलोचकों को यह आपत्ति भी है कि इसके चलते मनुष्य अगर एक ओर एक विराट मगर अनचीन्हे समाज से जुड़ रहा है तो दूसरी ओर अपने पास-पड़ोस से ही कट जा रहा है। वह अपने वीडियो के परदे के आगे बैठकर जहाँ एक विश्वव्यापी चौपाल में बैठा हुआ होता है, वहाँ बगल में बैठे हुए रिश्तेदार से बात करने की उसे न फुरसत होती है, न तबियत। एक ओर जोड़ने और दूसरी ओर तोड़ने की इस दोहरी प्रवृत्ति का आगे चलकर बहुत ही भयावह नतीजा निकल सकता है।

सूचना समाज के समालोचकों का यह भी कहना है कि इसमें सूचना इतनी ज्यादा है कि सारा अर्थ खो जाता है। इसमें सारा जोर सम्प्रेषण की पहुँच बढ़ाने पर है, सम्प्रेषण का प्रभाव बढ़ाने पर नहीं। वे यह भी कहते हैं कि जब उपभोक्ता सामग्री खरीदने के विज्ञापनों के अलावा कोई वास्तविक सन्देश हो ही नहीं, तब सब दूर-दूर होता दिखाई देता है। वे यह भी याद दिलाते हैं कि जब 1854 में अमेरिका के दो नगरों के बीच तार की लाइन बिछायी जाने लगी तब प्रसिद्ध चिन्तक थोरी ने कहा था कि जल्दी खबर पहुँचने की इतनी जल्दी क्यों? क्या खबर उनके पास एक दूसरे को बताने के लिए खास कुछ हो नहीं। सम्प्रेषण में सारा महत्त्व सन्देश का है, टेक्नोलॉजी का नहीं। जब भगवान बुद्ध ने अपना सन्देश दिया था तब सम्प्रेषण का माध्यम बात का कहा और सुना जाना ही था। लेकिन देखते ही देखते बौद्ध धर्म सारे भारत में ही नहीं, दक्षिण पूर्व और सुदूर पूर्व एशिया में भी फैल गया।

कुछ आलोचकों का यह भी कहना है कि सूचना समाज इन नये खिलौनों में इतना खो गया है कि दीवार पर लिखा हुआ सन्देश तक नहीं पढ़ सकता। इस सिलसिले में सी.आई.ए. का उदाहरण दिया जाता है, जो कम्प्यूनिकेशन युग के तमाम उपकरणों से लैस होने के बावजूद यह नहीं मालूम कर सकी कि ईरान के शाह का तख्ता पलटा जाने वाला है, जबकि यह बात तेहरान की दीवारों पर विद्रोहियों ने बड़े-बड़े अक्षरों में लिख दी थी।

जो लोग कम्प्यूनिकेशंस के प्रशंसक हैं, उनका कहना है कि इनकी वजह से सच्चे विश्वबन्धुत्व और लोकतन्त्र की स्थापना होगी। औद्योगिक युग ने मानव को शारीरिक श्रम से छुट्टी दिलवाकर ज्ञान-विज्ञान के क्षेत्र में जबरदस्त प्रगति करने का अवसर दिया। कम्प्यूनिकेशंस उसे मशीनें चलाने और रोजमर्रा के कामों में दिमाग लड़ाने से मुक्ति दिलाकर सच्चे मानों में कलात्मक और रचनात्मक होने का अवसर देगा। मानव ऐसी-ऐसी बातें सोच निकालेगा और ऐसे-ऐसे काम कर दिखायेगा, जिनकी अभी कल्पना भी नहीं की जा सकती। एक विश्वव्यापी सरोकार पैदा होगा और एक विश्वव्यापी संस्कृति भी उभरेगी।

बहरहाल इन समर्थकों को भी कम्प्यूनिकेशंस का एक पक्ष चिन्ताप्रद मालूम हो रहा है। वह यह कि कम्प्यूनिकेशंस क्रान्ति हुई तो दिमाग की बदौलत है, लेकिन इसका तथाकथित सूचना समाज में जिस तरह उपयोग किया जा रहा है, उससे दिमाग की कद्र घट रही है। ज्ञान की जगह मनोरंजन के सम्प्रेषण पर ज्यादा ज़ोर है, मनोरंजन भी ऐसा कि जिसे ग्रहण करने के लिए दिमाग पर ज्यादा जोर न डालना पड़े। मनोरंजन पर जोर होने के कारण सिनेमा और टी.वी. के हीरो-हीरोइन बनने वाले अभिनेता-अभिनेत्री सूचना समाज के हीरो-हीरोइन बन रहे हैं। इनके जितना ही प्रचार-प्रसार जोड़-तोड़ से चुनाव जीतकर आये हुए मामूली नेताओं का किया जाता है, उन्हें ऐतिहासिक बनाने के चक्कर में सारे इतिहास का ही अवमूल्यन कर दिया जाता है। दूसरे क्षेत्रों के लोगों का प्रचार-प्रसार बहुत कम किया जाता है और सो भी जब वह नेतागीरी करने लगें या अभिनेताओं जैसा ग्लैमरपूर्ण जीवन जीने लगें। सूचना समाज जिन वैज्ञानिकों और विचारकों ने सम्भव बनाया है, अगर वे ही उसके हीरो नहीं हैं, तो सूचना क्या मिलेगी और समाज का क्या होगा।

सूचना क्रान्ति

आज से कोई डेढ़ सौ वर्ष पूर्व पश्चिमी देशों की आर्थिक और सामाजिक व्यवस्था में मनुष्य के शारीरिक श्रम की जगह लेनी वाली मशीनों के आने और ऊर्जा के नये स्रोत मिलने से एक व्यापक परिवर्तन शुरू हुआ, जिसे हम औद्योगिक क्रान्ति के नाम से जानते हैं। अब मानसिक श्रम की जगह लेने वाले कम्प्यूटरों का लिखित तथा मौखिक सन्देश आनन-फानन संसार के एक कोने से दूसरे कोने तक पहुँचा सकने वाले सम्प्रेषण के नये साधनों से गठजोड़ होने के कारण एक नयी क्रान्ति की शुरुआत हो गयी है। जिसे सूचना क्रान्ति के नाम से पुकारा जा रहा है। और जिसके बारे में यह अनुमान है कि वह अगली सदी की शुरुआत तक उससे भी बड़ा परिवर्तन कर दिखायेगी जो पिछली शदी के अन्त और इस सदी के पूर्वार्द्ध में औद्योगिक क्रान्ति के कारण मानव जीवन और मानव समाज में आया है।

जहाँ औद्योगिक क्रान्ति ने दफ्तरशाही और एसेम्बली लाइन प्रॉडक्शन को जन्म दिया यानी हर काम को टुकड़ों में बाँटा और अलग-अलग काम अलग-अलग लोगों के जिम्मे कर के उनमें से हरेक को एक अर्थ में निर्माण मशीन का कलपुर्जाघर बना दिया वहाँ इस दूसरी क्रान्ति में सारा जोर किसी भी व्यापार या उद्यम से सम्बद्ध तमाम लोगों को बराबर जोड़े रखने पर है। सूचना क्रान्ति निर्माण के क्षेत्र में नहीं बल्कि संयोजन के क्षेत्र में परिवर्तन कर रही है। वह बनाने वाले से लेकर के बेचने वाले और बरतने वाले लोगों को कारखाने और दफ्तर में बैठे लोगों को कम्प्यूटर के

माध्यम से एक-दूसरे को जोड़ सकती है और जोड़ रही है।

उदाहरण के लिए अमेरिका में मैकेसन नामक एक कम्पनी है जो दवाई को बेचने की सोल एजेंसी लेती है। उसने अपने द्वारा वितरित की जाने वाली हर दवा पर कम्प्यूटर की पहचान में आने वाला निशान लगा दिया है। खुदरा दवा बेचने वाले दुकानदार दुकान बन्द करते समय एक छोटा-सा आला लेकर उसे दुकान में रखे माल पर घुमा देते हैं। वह सीधा मैकेसन के गोदाम को यह सूचना पहुँचा देता है कि उस दुकान में कौन दवा अब कितनी बची है गोदाम के कम्प्यूटर को पता रहता है कि उस दुकान में किस दवा की कितनी खपत है। उसके हिसाब से वह उस दुकान का आर्डर दर्ज कर देता है। अगली सुबह जब सेल्समैन पहुँचते हैं तब वे अपने हाथों में एक छोटा आला बाँध देते हैं जो दवाओं को पहचान सकता है, और उन्हें यह बता सकता है और जो मुख्य कम्प्यूटर से जुड़ा होने के नाते जानता है कि किस दुकान को कौन-सी दवा कितनी पहुँचानी है। जब सेल्समैन इस कम्प्यूटर को पहन लेता है तब उसे बार-बार कोई लिस्ट देखने की जरूरत नहीं रहती। उसे यह याद रखने की जरूरत नहीं रहती कि कौन-सी दवा गोदाम के किस हिस्से में और किस ताक पर रखी हुई है। यह भी नहीं कि दवाओं को जमा करने के लिए उसे कौन-सा क्या क्रम अपनाना चाहिए जिससे कम से कम दौड़-धूप करनी पड़े। ये सारे काम कम्प्यूटर कर देता है। कम्प्यूटर बाकायदा एक तर्जनी तानकर उसे बताता है कि ये उठा वो उठा, और अगर वह कुछ गलत उठाता है तो वह उसे फौरन टोक देता है। जैसे-जैसे उसे सेल्समैन विभिन्न दुकानों के आर्डर देके जाते रहते हैं वैसे-वैसे उनके कम्प्यूटर मुख्य कम्प्यूटर में यह दर्ज करते रहते हैं कि कौन-सी दवा कितनी बेची गयी और कितनी बच गयी है। मुख्य कम्प्यूटर से यह सूचना दवा बनाने वाली कम्पनियों के कम्प्यूटर में पहुँचती है और वहाँ से उनकी फैक्ट्रियों में माँग के हिसाब से निर्माण होता रहता है।

संयोजन को सुलभ बना देने वाली यह व्यवस्था दफ्तरशाही को अनावश्यक बनाती जा रही है। दफ्तरशाही की जगह ऐसे लोग ले रहे हैं जो विशेषज्ञ हों। अब अफसर नहीं पंडित दरकार हैं। शक्तिशाली वे लोग होंगे जिनके हाथ में सभी सूचना होगी जो सूचना को एकत्र और नियन्त्रित करना जानते होंगे। ज्ञान एक तरह से सूचना क्रान्ति के बाद के दौर में वही स्थान ले लेगा जो औद्योगिक क्रान्ति के बाद के दौर में

पैसे ने लिया या जो उससे पहले के दौर में लाठी का हुआ करता था।

कम्प्यूटर और कम्युनिकेशन का गठजोड़ होने से जो कम्प्यूकेशंस का युग शुरू हुआ है उसमें तमाम दूरियाँ सिमट गयी हैं और राष्ट्रव्यापी क्या विश्वव्यापी स्तर पर काम करने की बात सहज हो गयी है। अमेरिका की टैक्साज इन्स्ट्रूमेंट कम्पनी को जब यह पता चला कि भारत में कम्प्यूटर वैज्ञानिकों की भरमार है और उनकी तनखाहें बहुत कम हैं तो उसने बैंगलूर में अपना एक दफ्तर खोल दिया। बैंगलूर में बैठे हुए भारतीय वैज्ञानिक डैलनेस में बैठे हुए अपने अमेरिकी मालिकों के आदेशानुसार कम्प्यूटर चिप का डिजाइन तैयार करते रहते हैं। डिजाइन तैयार करके भारतीय वैज्ञानिक अपने कम्प्यूटर में भर देते हैं, वह सेटेलाइट के माध्यम से कम्पनी के कम्प्यूटरों में भर देता है और वह उसे चिप निर्माताओं के कम्प्यूटर को बताता है। फिर उनके बनाये हुए चिप की बैंगलूर में बैठे हुए भारतीय वैज्ञानिक दूर से ही जाँच कर लेते हैं। इस कम्पनी के कार्यस्थल टोक्यो, फ्रांस, हॉलैंड और जर्मनी में भी हैं। कम्युनिकेशंस की मेहरबानी से कम्पनी का काम रात-दिन निर्बाध रूप से चलता रहता है। जब डलास की शाखा शाम को बन्द होती है तो वह टोक्यो की शाखा को सूचित कर देती है कि फलाँ-फलाँ काम हम यहाँ तक कर चुके हैं। टोक्यो की शाखा उस पर काम करती है और जब वहाँ शाम हो जाती है तो भारत की शाखा को दे देती है और फिर भारत की शाखा यूरोप की शाखा को।

इसके अलावा कम्प्यूटर एक स्तर पर विशेषज्ञ को भी बेकार करने के लिए तैयार बैठे हैं। कुछ कम्पनियों ने नक्शा-नमूना बनाने का साधारण काम इंजीनियरों के हाथ से लेकर कम्प्यूटरों के हाथ में सौंप दिया है। कम्पनी जो भी आइटम बनाती है उसका बुनियादी डिजाइन कम्प्यूटर में भर दिया जाता है। अब बिक्री विभाग वाले कम्प्यूटर से कहते हैं कि ग्राहक को इस तरह की चीज चाहिए। कम्प्यूटर झटपट ग्राहक की जरूरत के अनुसार डिजाइन में परिवर्तन करके नक्शा बना के दे देता है। कम्प्यूटर की सहायता से डिजाइन करना एक आम-सी बात हो गयी है और अब इससे आगे निकलकर कम्प्यूटर की सहायता से उस चीज का छोटा ठोस नमूना भी तुरन्त तैयार कर लिया जा सकता है। इसी तरह कम्प्यूटर बहुत हद तक डॉक्टर की भी जगह ले पा रहा है।

एस्पर्ट सिस्टम

इंटर प्रैक्टिस। जो सारे रिकार्ड सँभाल के रखती है और लक्षण बताये जाने पर डॉक्टर को बताती है कि कौन-कौन-से रोग सम्भव हैं और निदान के लिए क्या-क्या उपचार किये जाने चाहिए। इस व्यवस्था में यह भी सम्भव है कि रोगी घर बैठा अपने लक्षण अस्पताल से जुड़े अपने कम्प्यूटर में दर्ज कर दे और उसे मालूम हो सके कि स्थिति गम्भीर है कि नहीं। और गम्भीर हो तो अस्पताल का कम्प्यूटर एम्बूलेंस वगैरह दौड़वा दे।

मार्केटिंग में कम्प्यूटर कूपन वगैरह बाँटने में सहायक हो रहे हैं। अभी ग्राहक सुपर मार्केट से बाल उठा-उठाकर अपनी ट्रोली टोकरी में डाल ही रहा होता है कि कम्प्यूटर को पता चल जाता है अगर उसने आपकी कम्पनी का माल खरीदा हो तो आप तुरन्त उसे अगली बार कुछ रियायत पा सकने कूपन देने की हिदायत खजांची के कम्प्यूटर को दे सकते हैं। अगर उसने प्रतिद्वन्द्वी का माल उठाया हो तो आप उसे अपने माल का मुक्त सैम्पल खजांची से मुफ्त दिलवा सकते हैं।

आज की आप्टीकल डिस्क में इतनी सूचना भर दी जा सकती है जितनी किसी बहुखंडीय एन्साइक्लोपीडिया में आती थी।

चिपों में और अधिकाधिक सूचना भरी जा सक रही है और अब अणु के स्तर पर चिप बनाने की बात है। इन बायो चिपों में उसी तरह सूचना ठूँसी जा सकेगी जैसे जीन में प्राणी के सारे शरीर की सूचना ठुँसी रहती है।

आप्टीकल कम्प्यूटर बन रहे हैं जो प्रकाश की तरंगों से चलेंगे। इनसे काम और भी ज्यादा तेजी से हो सकेगा।

नूरल नेटवर्क के सिद्धान्त पर कम्प्यूटर बन रहे हैं। जो उसी तरह काम करेंगे जिस तरह मनुष्य करता है।

इतने छोटे कम्प्यूटर बनाये जा सकेंगे कि घड़ी की तरह पहनकर कहीं भी साथ ले जाइए और उनके माध्यमों से सारे नेटवर्कों से जुड़े रहिए।

फाइदर आप्टीकस

आपकी ही तरह सोचने वाला कम्प्यूटर।

कम्प्यूटर से चलने वाली यूनिवर्सी।

घर में किया जाता काम। 1991 में लगभग साढ़े तीन करोड़ लोग दफ्तर जाकर घर बैठे काम कर रहे थे।

टैलीवर्क सेंटर।

थर्डवेव।

घर परिवार की वापसी।

कार्पोरेट कल्चर।

अतिपरिचय उपेक्षा का जन्मदाता है

टी.वी. लोकप्रिय संस्कृति का सबसे बड़ा संवाहक है। और यह जो लोकप्रिय संस्कृति का प्रचार-प्रसार कर रहा है उस पर अमेरिका की मोहर लगी हुई है। कुछ तो इसलिए कि अमेरिका वह देश है जिसमें मास-कल्चर और टी.वी. दोनों का ही जन्म हुआ। और कुछ इसलिए कि आधुनिकता, लोकतन्त्र और बाजार अर्थव्यवस्था के झंडा-बरदार की हैसियत से आज सारे संसार में अमेरिका का प्रभुत्व है। यही वजह है कि भारत में मास-कल्चर के अन्तर्गत कोई बाबा सहगल अमरीकी लोकप्रिय संगीत के तर्ज में उछलते-कूदते यह ऐलान करते हैं कि मैं भी मेडोना हूँ। उन्हें न मर्द से औरत बनाने में शर्म आती है और न उधार की धुन पर गाने में। हम भारतीय उन्हें सुनते हैं तो हमें अच्छा ही लगता है, जो इससे प्रमाणित होता है उनका यह रिकार्ड हिट हो जाता है। अगर आज भारत संसार का चौधरी देश होता तो मुझे इसमें जरा भी सन्देह नहीं है कि अमेरिका में कोई पॉपसिंगर आज यह गा रहे होते कि मैं भी लता मंगेशकर हूँ।

इतिहास बताता है कि जब भी, जिसका भी प्रभुत्व हुआ उसकी संस्कृति दूर-दूर तक फैली। सिकन्दर महान के प्रताप से छोटे से यूनान की संस्कृति दूर-दूर तक छा गयी। इसी तरह सीजर ने रोम की भाषा और संस्कृति को सारे यूरोप पर हावी कर दिखाया। जब भारत के प्रभुत्व का जमाना था तब उसकी संस्कृति बहुत दूर-दूर तक गयी। हम आज यह देखकर आश्चर्य करते हैं कि बौद्ध धर्म सुदूर जापान तक कैसे पहुँच

गया था। इंडोनेशिया में हिन्दू संस्कृति ने इतनी गहरी जड़ें कैसे पकड़ लीं कि इस्लाम के पूरी तरह प्रतिष्ठित हो जाने के बावजूद वह जन-जीवन में अपना स्थान बनाये रह सके?

जिसकी लाठी उसकी संस्कृति के सिद्धान्त को चरितार्थ करते हुए टी.वी. के माध्यम से अमेरिकी मास-कल्चर का उद्घोष हो रहा है। दो वर्ष पहले के आँकड़ों से पता चलता है कि पश्चिमी यूरोप के उन्नत देशों तक में 84 प्रतिशत कार्यक्रम अमेरिका से लेकर दिखाये जा रहे थे। पिछड़े देशों में भाषा की समस्या आड़े आयी है, लेकिन उनमें भी अमेरिकी तर्ज के कार्यक्रम बनने लगे हैं जो द्विभाषी लोगों को अमेरिकी कार्यक्रमों के मुकाबलों में फीके लगते हैं। सेटेलाइट के मेहरबानी से अमेरिकी कार्यक्रम इन देशों में भी देखे जाने लगे हैं।

पहले किसी व्यक्ति के चक्रवर्ती सम्राट हो जाने या किसी विचारधारा के विश्वव्यापी बन जाने की बात लगभग स्वप्नवत मानी जाती थी। अगर विचारधारा एक जगह से दूसरी जगह पहुँच भी पाती थी तो हर जगह स्थानिक प्रभावों के कारण उसका स्वरूप बदलता चलता था। और वह सुदूर देश में पहुँचते-पहुँचते अपने मूल के देश की विचारधारा से काफी भिन्न हो जाती थी। जापान का जेन-सम्प्रदाय भारतीय बौद्ध धर्म से उपजा होता हुआ भी शत-प्रतिशत जापानी है। इसी प्रकार थाई देश या इंडोनेशिया की रामकथा रामचरित्र से, मानस से इतनी भिन्न है कि भारतीय श्रोता को बहुत विचित्र मालूम हो सकती है। लेकिन आधुनिकता ने दुनिया समेटकर राजनीतिक, आर्थिक और सांस्कृतिक विश्व विजय पहले की अपेक्षा बहुत आसान बना दिया। और जब से टी.वी. और कम्प्यूटर का आविष्कार हुआ है तब से सांस्कृतिक सेनानी राष्ट्रीय सीमाओं की हर तरह की चौकसी को मुँह बिराते हुए बेतार की तरंगों पर सवार होकर आकाश मार्ग से ऐसा आक्रमण कर पा रहे हैं जो निरन्तर प्रभाव डालता है, तुरन्त प्रभाव डालता है। जब आधुनिकता किताबी संस्कृति का दौर था तब तक पश्चिमी प्रभुओं के फैशन के भारत जैसे प्राचीन संस्कृति सम्पन्न देश में आंशिक रूप से भी ग्राही हो सकने में भी पचासों साल लग जाते थे। और अब उत्तर-आधुनिकता के दौर में अमेरिकी फैशन के भारत में चल पड़ने में कुछ समय ही नहीं लगता। पतलून को स्वीकृत होने में पचासों साल लगे, जीन देखते-देखते चल गयी। अंग्रेज शासकों के सिखाने पर भी हम हावू डू यू डू कहना कायदे

से कभी सीख न पाये लेकिन आज सारे देश में नयी पीढ़ी नितान्त स्वाभाविक रूप से अमेरिकी तर्ज पर हाय-हाय कर रही है।

अमेरिकी मास-कल्चर की आधुनिकता के दो बुनियादी सिद्धान्तों से अलग नहीं किया जा सकता है। पहला है—लोकतन्त्र और दूसरा है—बाजार और व्यवस्था। बाजार अर्थव्यवस्था यह कहती है कि हम उसी संस्कृति को चलायेंगे जो ज्यादा से ज्यादा लोगों को आकृष्ट कर सके, जिसे चलाकर हम चार पैसे कमा सकें और जिसके सहारे विज्ञापन दाताओं का माल मंडी में अधिक बिक सके। उधर लोकतन्त्र ये कहता है कि संस्कृति के मामले में किसी भी प्रकार हस्तक्षेप तानाशाही का नमूना है। भले ही वह लोकहित में क्यों न किया जा रहा हो। लोकतन्त्र के अनुसार लोकहित को पहचानने की दावेदारी लोकमत ही कर सकता है। कोई समाजशास्त्रीय अथवा कलाविद नहीं। उच्च संस्कृति के पक्षधर अधिकांशतः स्वयं लोकतन्त्र के पक्षधर होते हैं और उनके लिए किसी भी तर्क द्वारा यह सिद्ध कर पाना असम्भवप्रायः हो जाता है कि आम दर्शक टी.वी. पर बॉबी की मणिकॉल की फिल्म देखना पसन्द करेगा। हद से हद वे यह कह पाते हैं कि लोकसंस्कृति को लाइए जो मास-कल्चर से अलग है। या यह कि मास मीडिया पर दर्शकों की रुचि का संस्कार करने की जिम्मेदारी है। पहली दलील के जवाब में यह कहा जाता है कि आधुनिक संसार में लोकसंस्कृति जैसी कोई चीज रह ही नहीं गयी है। और जिस मास-कल्चर पर आप नाक-भौं सिकोड़ रहे हैं एक तरह से वही आज की लोकसंस्कृति है। उसका जन्म अमेरिका में इसीलिए हो सका कि वहाँ के लोग एक नयी दुनिया बसा रहे थे जिन पर पिछले इतिहास और संस्कृति का बोझ नहीं था। और वे अधिकांशतः यूरोप के निर्धन जनताछाप व्यक्ति थे। या फिर वे अफ्रीकी मूल के ऐसे लोग थे जिन्होंने कबाइली संस्कृति से आगे की इसी चीज को जाना ही नहीं था। इन लोगों ने एक नयी मिली-जुली संस्कृति को जन्म दिया जो सम्प्रेषण के दृश्य-श्रव्य माध्यमों यानी सिनेमा और टेलीविजन के अमेरिका में तेजी से विकसित होने के कारण अमेरिकी मास-कल्चर की संज्ञा पा गयी। अगर अभी आप इसे भोंडा या फूहड़ कहते हैं तो आपको यह भी मानना होगा कि आप लोकसंस्कृति को ही फूहड़ और भोंडा मानते हैं, जैसा कि सामन्ती दौर में हमेशा माना गया। इसी तरह जब आप कहते हैं कि मास मीडिया पर लोगों के रुचि का संस्कार करने की जिम्मेदारी है तो यह

कौन तय करेगा कि सुरुचिपूर्ण क्या है? जनता जो देखना चाहती है उसे न देखने देना क्या तानाशाही नहीं होगी? वह कौन-सी नैतिक सत्ता होगी जिसकी नीति मास मीडिया से लागू करवायेंगे? क्या आप यह भूल जाएँगे कि सारी आधुनिकता लोकतन्त्र के अलावा और किसी भी प्रकार की सत्ता के विरोध में खड़ी हुई है?

जब संस्कृति का सवाल उठाया जाता है तब मास-कल्चर के पक्षधर यह पूछते हैं कि क्या आप इसे केवल हम पर ही लागू करना चाहते हैं? आधुनिकता के तमाम और कलात्मक आन्दोलन परम्परागत नैतिकता की जो दुर्गत करते रहे हैं उससे आपको कोई परेशानी नहीं है? यह भी कि अगर हम सचमुच ही ऐसी चीजें बना रहे होते जो आम पब्लिक के नैतिक मापदंडों को ठेस पहुँचाती होती तो उसे देखने क्यों आती? जैसा कि अभी हाल में तारिका नीना गुप्ता ने कहा, अगर पब्लिक को 'चोली के पीछे क्या है?' अश्लील लगता हो तो देखने मत आइए। लेकिन जैसा हमने देखा और पब्लिक देखने आयी और जमकर आयी।

इसलिए मास-कल्चर के पक्षधर रूसो द्वारा दो सौ साल पहले कही गयी इस बात को भी दोहराते हैं कि सेंसर व्यवस्था नैतिकता का संरक्षण कर सकती है लेकिन उसकी पुनः प्रतिष्ठा नहीं। मास-कल्चर के पक्षधर इस ओर भी ध्यान दिलाते हैं कि जिसे आज हाय कल्चर समझा जा रहा है वह स्वयं कभी मास-कल्चर रहा है। यह भी कि लोकप्रिय से ही हमेशा शास्त्रीय कला उपजी है। आज भी उत्तर-आधुनिक साहित्य और कला में मास-कल्चर की बहुत-सी बातों का समावेश हो रहा है।

अमेरिकी मास-कल्चर के पक्षधर यह भी कहते हैं कि यह सार्वभौम हो ही इसलिए रहा है कि इसमें सार्वभौमिकता के तत्व हैं। अमेरिकी लोकप्रिय संगीत स्वयं अफ्रीकी मूल के लोगों के संगीत का यूरोपीय मूल के लोगों के शास्त्रीय और लोकप्रिय संगीत के संगम होने से उपजा है। उसमें यह शक्ति और सामर्थ्य है कि दुनिया के तमाम संगीतों की ध्वनियों और धुनों को अपने में समेट सके। वह न्यूयॉर्क के अश्वेतों के रेप में वेस्टइंडीज के अश्वेतों का रेगे और भारत के अश्वेतों का राग मिलाकर उसे एक श्वेत गायक से गवाकर दुनिया के सभी देशों में लोकप्रिय कर सकता है। अमेरिकी मास-कल्चर उन्मुक्त भोग को व्यक्तिगत महत्त्वाकांक्षा की पूर्ति देने वाली हर तरह की ऊँच-नीच को समाप्त करने वाले हर व्यक्ति को बराबरी के दर्जे पर बैठाने के लिए प्रतिबद्ध उस

उमंग का नाम है जो सारे विश्व के युवाओं में आज व्याप्त है। इसलिए अमेरिकी मास-कल्चर को अन्तर्राष्ट्रीय युवा संस्कृति का पर्याय माना जाना चाहिए। लोकतन्त्र और बाजार व्यवस्था की विचारधारा का मुकाबला करने के लिए सर्वहारा की तानाशाही और साम्यवाद की जो विचारधारा उठी थी वह घुटने टेक चुकी है। और उसे घुटने टिकवाने में बहुत बड़ा हाथ इस बात का रहा है कि साम्यवादी देशों की युवा पीढ़ी भी अमेरिकी मास-कल्चर को तरस रही थी। उसे जीन्स और कोकाकोला मैकडोनाल्ड्स की तलाश थी। साम्यवादी किला शीत युद्ध से उतना नहीं ढहा जितना अमेरिकी मास-कल्चर के आक्रमण से।

मास-कल्चर के विरोधियों का कहना है कि जहाँ यह किसी हद तक यह सही है कि लोकतन्त्र में अभिव्यक्ति की स्वतन्त्रता का निषेध नहीं होना चाहिए वहाँ हमें इस बात का भी ध्यान रखना चाहिए और तमाम मामलों में स्वतन्त्रता को सीमित करने वाले कानून न केवल हैं बल्कि जरूरी समझे जाते हैं। व्यक्ति की स्वतन्त्रता के नाम पर कहीं भी इस बात की छूट नहीं दी जा रही है कि लोगों को हत्याएँ करने दी जाएँ या मादक पदार्थों का सेवन करने दिया जाय। या अन्धाधुन्ध जंगल काटने दिये जाएँ। व्यक्ति समाज और वातावरण के स्वास्थ्य की लिए कई तरह के निषेध आवश्यक समझे गये हैं। तो फिर संस्कृति के स्वास्थ्य के रक्षा के लिए क्यों नहीं? सांस्कृतिक प्रदूषण का मामला मानवता के भविष्य से उतना ही गम्भीर है जितना वातावरण के प्रदूषण का मामला। जब वातावरण की रक्षा के लिए बाजार अर्थव्यवस्था पर अंकुश लगाने की बात उठ गयी है तो संस्कृति की रक्षा के लिए उस अंकुश लगाने की बात क्यों न की जाय?

मास-कल्चर के विरोधियों का यह भी कहना है कि जहाँ लोकसंस्कृति लोक व्यापार में सहज ही उपस्थित थी वहाँ मास-कल्चर बाजार के व्यापारों की देन है। मनोरंजन उद्योग की फैक्ट्रियों की देन है। उसका लोकसंस्कृति से उतना ही, बल्कि उससे भी कम नाता है जितना हथकरघे की साड़ी का मिल में बनी साड़ी से है। वह लोक मूल्यों का प्रसार नहीं करती, बंटाढार करती है। उसे भले ही पॉप-कल्चर कहा जाता हो वह लोकमत को प्रतिबिम्बित नहीं करती। अगर चोली के पीछे वाले गाने को ही लिया जाय तो एक उसके रचयिता भारतीय लोकसंस्कृति से जुड़े होने की दावेदारी कर सकते हैं। लेकिन उसमें और चोली मार्का किसी ठुमरी

या लोक गीत में बहुत अन्तर है।

टी.वी. के दौर में पहुँचकर मास-कल्चर पूरी तरह विज्ञापन से जुड़ गया है। और विज्ञापन ऐसे मनोरंजन का पक्षधर है जो मजमा जमा कर सके। इसलिए टी.वी. की पूरी शैली डुगडुगी बजाकर लोगों को जमा करने और बहलाये रखने की शैली है। क्योंकि विज्ञापन दाता बड़ी से बड़ी मंडी चाहता है और आज के सैटेलाइट युग में तो वह प्रादेशिक क्या राष्ट्रीय सीमाओं के पार भी मंडी बनाना चाहता है इसलिए उसे ऐसे कार्यक्रम दरकार होते हैं जो सभी जगह और सभी तरह के लोगों के बीच लोकप्रिय हो सके। यही वजह है कि सेक्स और मार-धाड़ के कार्यक्रम सबसे ज्यादा बनाये जाते हैं क्योंकि ऐसा माना जाता है कि सेक्स और मार-धाड़ की भाषा सार्वभौम है। बम्बई में भी फिल्म बनाने वाले कहते हैं कि एक्शन फिल्म हर दौर में चलती है और देश के हर भाग में चलती है। बड़ी मंडी की खोज में मास-कल्चर विसंस्कृतीकरण का शिकार होता है। वह सभी जगह का इसलिए हो पाता है कि वह किसी भी जगह का नहीं होता।

टी.वी. के शुरू के दौर में मुख्य कार्यक्रम और विज्ञापन के बीच भेद कर सकना इसलिए आसान था कि उनकी शैली बिल्कुल भिन्न होती थी। विज्ञापन कम समय में ज्यादा से ज्यादा प्रभाव छोड़ने के खातिर बिम्ब पर बिम्ब लादने की ताबड़तोड़ शैली अपनाते थे और मुख्य कार्यक्रम रेडियो से उधार ली गयी वाचिक शैली पर चलते हुए अपेक्षाकृत धीर-गम्भीर ढंग से लच्छेदार बातों से मजमा जुटाने और जुटाये रखने की कोशिश करते थे। इसी तरह उस दौर में मनोरंजन और समाचार के बीच भेद करना भी आसान था। समाचारों को किन्हीं लटकों-झटकों से अथवा किसी नाटकबाजी से अधिक मनोरंजक बनाने की कोई चेष्टा नहीं होती थी। लेकिन टी.वी के दूसरे दौर में अनेकानेक चैनल आ जाने और रिमोट कंट्रोल से दूर बैठे-बैठे ही चैनल बदलने की सुविधा हो जाने से विज्ञापन दाताओं के मन में एक तरह का आतंक छा गया है। और इस आतंक के चलते मनोरंजन और समाचार, प्रधान कार्यक्रम बनाने वाले भी विज्ञापनों की ताबड़तोड़ शैली अपनाने पर बाध्य हुए हैं। बिम्ब को तेजी से बदलते रहना चाहिए ऐसा कुछ न कुछ होता ही रहना चाहिए कि आँख पर्दे पर अटकी रह जाय और चैनल बदलने की आदी हो चुकी

उँगलियों को मस्तिष्क सन्देश न दे पाये। इसी तरह समाचार को मनोरंजन के अधिक निकट लाने के लिए भी दृश्य सामग्री पर बहुत अधिक जोर दिया जाने लगा है। ऐसा लगता है मानो टी.वी. का मुख्य उद्‌देश्य ज्ञानवर्द्धन करना तो है ही नहीं, मनोरंजन करना भी नहीं है। मात्र दर्शक को बाँधे रखना है कि यह चैनल न बदले और प्रसारित कार्यक्रम के साथ आने वाले विज्ञापन को देखने के लिए बाध्य हो। समाचारों में दृश्य सामग्री का जोर होने के कारण टी.वी. उन समाचारों को प्रमुखता देता है जिनके साथ अच्छी दृश्य सामग्री दी जा सके। लोगों को महसूस हो कि वो वास्तविक ड्रामा होते हुए देख रहे हैं। इस प्रयास में नाटकीय घटनाओं के होते समय संयोग से कोई कैमरामैन उपस्थित हो तो उसकी फोटो खरीदने के लिए जबरदस्त होड़ मच जाती है। लेकिन ज्यादातर घटनाएँ होती पहले हैं, कैमरा वाले बाद में पहुँच पाते हैं। इसलिए धड़ल्ले से झूठ का सहारा लिया जाता है। गोया घटना को दुबारा कैमरे के खातिर छेड़ा जाता है, भले ही इसके लिए एक्टरों का उपयोग क्यों न करना पड़े। इस तरह की जाली दृश्य सामग्री का बहुत विरोध हुआ है लेकिन इसका उपयोग खत्म नहीं हुआ है। इसी तरह समाचारों से अलग जो सूचना प्रधान कार्यक्रम होते हैं उनमें डोक्यू ड्रामा का बहुत उपयोग किया जाता है। गोया ऐसे नाटक दिखाये जाते हैं जो प्रस्तुतकर्ताओं के अनुसार सत्य घटनाओं पर आधारित होते हैं। अमेरिका में हाल ही में घटी हुई किसी सनसनीखेज घटना को लेकर टेलीफिल्म बना देने का रिवाज भी धड़ल्ले से चल निकला है।

समाचारों में मनोरंजन के घुसपैठ का एक आयाम यह है कि नये दौर के टी.वी. में समाचार प्रस्तुत करने वाले और कैमरे के आगे खड़े होके संवाद बोलने वाले लोग वे नहीं चुने जाते जिन्हें समाचारों की अच्छी समझ हो बल्कि वे चुने जाते हैं जो दर्शकों को मनभावन लगें। इसी तरह समाचार और सूचना प्रधान कार्यक्रमों में बोलने के लिए विशेषज्ञ भी ऐसे चुने जाते हैं जो अपने हाव-भाव, रूप-रंग या अदाकारी के कारण दर्शकों का मन मोह सकें। गोया उन विशेषज्ञों से ज्यादा सितारे होते हैं। टी.वी. उन्हें शेलिब्रिटी बनाता है। छोटे पर्दे की मेहरबानी से वे बार-बार घर-घर देखे जाते हैं और अपने क्षेत्र के विशेषज्ञ के रूप में पहचाने जाते हैं। अमेरिका में टी.वी. विशेषज्ञ हो जाने से सम्बद्ध व्यक्ति की आय पर जबरदस्त असर पड़ता है। उसे न केवल टी.वी. से आमदनी होती है

बल्कि बाहर से भी परस्पर विरुद्ध विचारधाराओं का प्रतिनिधित्व करने वाले विशेषज्ञ अपने आकर्षक व्यक्ति और मनोरंजक अन्दाजेबयाँ के साथ कैमरे के आगे प्रस्तुत होते हैं और उनकी बहस दर्शक के लिए एक नाटक का दर्जा लेने लगती है। टी.वी. पहले विशेषज्ञों को देखता है और फिर उनके माध्यम से अपना माल बेचता है। समाचारों से जुड़े लोगों का अक्सर विज्ञापनों में प्रयोग किया जाता है। इस तरह के एक मशहूर विज्ञापन में समाचार वाचिका से यह कहलवाया गया कि अभी-अभी प्राप्त एक विराट सर्वेक्षण से ये पता चला है कि अमुक ब्रांड की कॉफी अपनी प्रतिद्वन्द्वी कॉफी से कहीं ज्यादा पसन्द की जाती है।

विज्ञापन और मुख्य कार्यक्रम के बीच भेद मिटाने की और एक प्रकार से टी.वी. का स्वरूप ही बदल देने की शुरुआत अगस्त, 1981 में एम.टी.वी. ने की। इसमें हिट गीतों की वीडियो बिल्कुल उनकी ही शैली में बने विज्ञापनों के साथ प्रस्तुत की जाती हैं। म्यूजिक वीडियो बनाने वाले और विज्ञापन बनाने वाले लोग एक ही बिरादरी से होते हैं। विज्ञापन में संगीत का उपयोग किया जाता है और संगीत में विज्ञापनों का। संगीत और विज्ञापन दोनों में ही यथार्थ और फन्तासी का घाल-मेल किया जाता रहता है और कामुक और कामोत्तेजक छवियाँ एक के बाद एक लगातार दागी जाती रहती हैं। एम.टी.वी. के आगमन के साथ टी. वी. कार्यक्रमों में झटकेदार सम्पादन का बोलबाला होने लगा है और सनसनी पैदा करना कोई कथा या विचार सम्प्रेषित करने से अधिक आवश्यक माना जाने लगा है। टी.वी. जो पहले पारिवारिक मनोरंजन के साधन होने के नाते और माध्यमों से अधिक दबा-ढका था, सेक्स और हिंसा की शरण में बहुत तेजी से जा रहा है। न केवल सिर्फ मनोरंजन प्रधान कार्यक्रमों में सेक्स की भूमिका बढ़ रही है समाचार प्रधान कार्यक्रमों में भी रहस्योद्घाटन के नाम पर ऐसी चीजें दिखायी और बतायी जा रही हैं जिनसे किसी को भी सनसनी के अलावा कुछ हाथ नहीं लग सकता। और जो अब पीत पत्रकार तक सीमित थी—उदाहरण के लिए अमेरिकी टी.वी. के जाने-माने समाचार विशेषज्ञ री बियरा ने लगातार तीन कार्यक्रम इस प्रकार किये। डॉक्टर जो मरीजों के साथ गलत काम करते हैं, माँ-बाप जो बच्चों के साथ गलत काम करते हैं और बच्चे जो बच्चों के साथ गलत काम करते हैं, उन्हें या उनके प्रायोजकों को यह नहीं लगा कि स्वयं री बियरा बहुत गलत काम कर रहे हैं।

उपन्यासकार और चिन्तक आल्दस हक्सले ने टी.वी. के आरम्भिक दौर में ही ये कह दिया था कि विवेक शून्य मनोरंजन और महत्त्वहीन सूचनाओं से समाज को सराबोर करने वाला टी.वी. समाज के लिए सबसे बड़ा खतरा है। और एक ऐसा खतरा है जिसे कोई खतरा मानने को आसानी से तैयार भी नहीं होगा।

एक अमेरिकी विशेषज्ञ के अनुसार अमेरिका का पॉप कल्चर अमेरिकी लोकतन्त्र का सिंगार नहीं है बल्कि वह उसके लिए खतरा बन चुका है।

संस्कृति का मूल्य निषेध में है, वर्जना में है। अपार सम्भावनाओं के बीच लक्ष्मण रेखाएँ खींचने में है। संस्कृति और खुली छूट जो परस्पर विरुद्ध चीजें हैं।

अमेरिकी घरों में औसतन 7 घंटे टेलीविजन देखा जाता है और दर्शकों में बच्चे प्रमुख होते हैं। एक तरह से कहा जा सकता है कि टेलीविजन ही बच्चों का लालन-पालन कर रहा है। माता-पिता नहीं, कोई धर्म गुरु नहीं, कोई स्कूल नहीं बल्कि वे व्यक्ति जो टेलीविजन कार्यक्रम बनाते हैं, बच्चों के मार्गदर्शक हैं। और इन व्यक्तियों का पैमाना पूरी तरह से व्यावसायिक है। तो आज टेलीविजन दादा जी की भूमिका में नयी पीढ़ी को नित नयी कहानी सुना रहा है लेकिन यह कहानी अन्ततः मुख्यतः कोई सन्देश देती है तो यही कि अमुक ब्रांड के बिस्कुट बहुत मजेदार हैं और अमुक ब्रांड की चाकलेट लाजवाब है। अगर टी.वी. वाले दादा जी नयी पीढ़ी को किसी मिथक पुराण से परिचित करा रहे हैं तो वह भोग का मिथक और दुकानदारी का पुराण है।

अपनी जिन्दगी का एक बड़ा हिस्सा आधुनिकता, उदारता और लोकतन्त्र से प्रतिबद्ध रह चुकने के बाद मेरे लिए यह मान सकना कठिन भी है और कष्टप्रद भी कि छूट दिये जाने का नतीजा बुरा होता है। बिना अनुशासन के मानव समुदाय, समुदाय नहीं बनता, हद से हद भेड़ चाल में खोयी हुई एक भेड़ का रूप ले सकता है। मेरे लिए यह मान सकना मुश्किल है कि लोकतन्त्र और अपसंस्कृति एक-दूसरे के पर्याय हैं।

मीडिया नीति

अमेरिका में मीडिया नीति को लेकर बहुत बहस है। कुछ लोग हैं जो मंडी के आग्रहों की बात करते हैं, कुछ लोग हैं जो सामाजिक आग्रहों की बात करते हैं। कुछ लोग हैं जो मीडिया के लिए प्रोग्राम बनाने की लागत की चर्चा करना चाहते हैं, कुछ हैं जो सामाजिक मूल्यों की। दोनों ही पक्षों में कोई संवाद नहीं है, और दोनों ही पक्ष एक- दूसरे के नजरिए को सम्मान देने के लिए तैयार नहीं हैं।

इसी सिलसिले में एक अजीब-सा मुहावरा लोकप्रिय हुआ है—'विचारों की मंडी' इस मुहावरे को चलाने वालों का कहना है कि विचारों को पब्लिक का ध्यान खींचने के लिए मीडिया में पूरी छूट मिलनी चाहिए। बराबर का स्थान मिलना चाहिए। इसके खिलाफ वे लोग खड़े हैं जो कहते हैं कि मंडी विचार का निर्धारण करती है अर्थात् मीडिया से वही विचार प्रसारित किया जा सकता है जो बहुसंख्य लोगों को ग्राही और मान्य हो। उनकी धारणाओं को चुनौती देने वाले तरह-तरह के विचार मीडिया से प्रसारित करने का मतलब उन्हें मीडिया से विमुख कर देना होगा। जब मीडिया के ग्राहक ही नहीं रहेंगे तो उसे विज्ञापन कहाँ से मिलेंगे?

मंडी के पक्षधरों का कहना है कि अगर समाज में सचमुच कई तरह के विचारों की टकराहट हो रही हो तो मंडी के आग्रहों से भी उन सब विचारों को मीडिया में स्थान मिलने लगेगा। मिसाल के लिए अमेरिकी मीडिया अब अश्वेतों के लिए न केवल अलग से प्रोग्राम बनाता है बल्कि

हर प्रोग्राम में उनके दृष्टिकोण का भी ध्यान रखता है। मंडी के पक्षधरों का ये भी कहना है कि जब किसी तरह का सरकारी नियन्त्रण नहीं होगा और अपनी बात कह सकने की पूरी स्वतन्त्रता होगी तो देर-सबेर हर बात मीडिया के माध्यम से सामने आयेगी। सरकारी हस्तक्षेप उल्टा विचारों को सीमित करने का काम करेगा। तो हर तरह के विचार को आने दीजिए, पब्लिक को जो पसन्द होगा वही ज्यादा चलेगा।

सामाजिक मूल्यों की बात करने वाले लोग कहते हैं कि विचारों को, संस्कृति को मंडी की चीज बनाना ही गलत है। सरकारी हस्तक्षेप और नियन्त्रण के अभाव में अपसंस्कृति ही हावी होती है। लेकिन दोनों ही पक्ष के लोग इस बारे में सहमत हैं कि अपनी बात कह सकने की स्वतन्त्रता सब को मिलनी चाहिए इसका मतलब यह है कि वह मीडिया विविधता चाहते हैं लेकिन विविधता के भी कई पहलू हैं। एक है कार्यक्रमों की विविधता। एक है विचारधारा की विविधता। एक है मीडिया का उपयोग कर सकने वाले लोगों की विविधता।

मंडी के पक्षधरों का कहना है कि मंडी ही विविधता पैदा करा देती है। उनका नारा है कि पब्लिक का इन्ट्रेस्ट (रुचि) ही पब्लिक इन्ट्रेस्ट (जनहित) को परिभाषित करता है।

कुल मिलाकर ऐसा लगता है कि विचारधारा के पक्षधर मनोरंजन के खिलाफ हैं और मंडी के पक्षधर मनोरंजन का इतना आग्रह करते हैं कि उसमें विचार खो ही जाता है।

अमेरिकी मास-कल्चर आज विश्वव्यापी युवा संस्कृति का रूप ले चुका है। जैसा कि एक अमेरिकी टिप्पणीकार ने कहा, दुनिया के और देशों के लोगों को कोई बन्दूक दिखाकर यह नहीं कह रहा है कि तुम्हें एम.टी.वी. देखना पड़ेगा या कि तुम्हें बोर्ड एंड ब्यूटीफुल देखना पड़ेगा। लेकिन फिर भी सब जगह अमेरिकी मास-कल्चर के उत्पादों को देखा और सराहा जा रहा है।

यह कुछ इसलिए हुआ है कि अमेरिका आधुनिकता, लोकतन्त्र, समानता, आशावादिता, और भरपूर उपभोग का प्रतीक बन चुका है। दो-दो विश्व युद्धों ने यूरोप को विश्व के केन्द्र से हटाकर अमेरिका को उस जगह ला खड़ा किया है। अमेरिकी मास-कल्चर अमेरिकी पूँजीवाद का भी प्रतीक है। और उसका विश्वव्यापी हो जाना विचारों के युद्ध में अमेरिकी पूँजीवाद के जीत जाने की निशानी भी है।

लेकिन यह मानना गलत होगा कि अमेरिकी मास-कल्चर ठेठ अमेरिकी है या उन मान्यताओं को लेकर चलता है जो अमेरिकी संविधान को बनाने वालों के दिमाग में थी। एक तरह से अमेरिकी मास-कल्चर इसलिए भी विश्वव्यापी है कि खुद अमेरिका में अब विश्व के सभी देशों के लोग बसते हैं। अमेरिकी मास-कल्चर जवानी का कल्चर है। यह संसार के युवाओं को सभी जिम्मेदारियों से छुट्टी दिलाने वाली मुक्ति का सन्देश देता है। अमेरिका स्वतन्त्रता, सम्पन्नता और भोग का देश उनकी निगाहों में बनता है। एक टिप्पणीकार का कहना है कि जिस तरह फ्रांस वाले सबसे अच्छी सुगन्धियाँ बनाते हैं या स्विट्जरलैंड वाले सबसे अच्छी घड़ियाँ बनाते हैं वैसे ही अमेरिका वाले सबसे अच्छे और मनोरंजक युवा स्वप्न बनाते हैं। आज दुनिया पर वाशिंगटन का नहीं, हॉलीवुड का आधिपत्य हो रहा है। यों इसमें भी सन्देह नहीं कि वाशिंगटन ने भी इस काम में काफी मदद दी है।

कुछ लोगों का कहना है कि लोकप्रिय संस्कृति होती ही भोंडी है। आज सिर्फ इतना है कि टेलीविजन की वजह से वह घर-घर पहुँच गयी है। अमेरिका में औसत व्यक्ति दिन में चार घंटे टी.वी. देखता है और दो-तीन घंटे संगीत सुनने के लिए कान में इयर फोन लगाये रहता है। इसका मतलब यह है कि उसका दिन का एक बड़ा हिस्सा मास-कल्चर की चपेट में बीतता है। आज बच्चे ऐसे घरों में पैदा होते हैं जिनमें दिन में औसतन सात घंटे टी.वी. खुला रहता है। उनको दुनिया की जानकारी गुरु नहीं देते बल्कि टी.वी. देता है। उन्हें नीतिपरक कथाएँ उनके माँ-बाप नहीं सुनाते, टी.वी. सुनाता है और टी.वी. पर क्या जानकारी दी जाएगी, कैसी कथाएँ सुनायी जाएँगी इसका फैसला विज्ञापन की दुनिया के, उत्पादन की दुनिया के, कार्यक्रम निर्माण की ऐसी महा-कम्पनियाँ करती हैं जिनका जाल सारे विश्व में विछा हुआ है। हर देश में यह देखा गया है कि क्रमशः ज्यादा से ज्यादा घटिया होते चले जा रहे हैं। सांस्कृतिक प्रदूषण हो रहा है।

एक बार गुडीएनन ने कहा था कि हॉलीवुड इतना साफ-सुथरा इसलिए है कि वहाँ के निर्माता अपने सारे कूड़े-कचरे को टेलीविजन के प्रोग्राम में बदल देते हैं। ये कोई अमेरिका की समस्या है वह आधुनिकता की समस्या है बल्कि यही आधुनिकता है। और इस दौर में कोई भी पोंगापन्थी होने के लिए तैयार नहीं है। आखिर मंडी में भी यह स्वतन्त्रता

तो नहीं दी जाती कि लोग अगर अफीम चाहते हैं तो अफीम बेची जाय।

लक्ष्मण रेखा खींचने की बात तो सही है लेकिन वह रेखा खींचेगा कौन? और क्या उसके लक्ष्मण रेखा खींचने के अधिकार को चुनौती नहीं दी जाएगी? हो सकता है कि मास मीडिया में जो दिखाया जाता है उसका समाज पर असर पड़ता हो और समाज में जो कुछ होता है मास मीडिया उसे दर्शाता हो। लेकिन कुल मिलाकर ऐसा लगता है कि सनसनीखेज को ज्यादा बिकाऊ मानने वाला मास मीडिया सन्तोषजनक की जगह सनसनीखेज पक्ष उजागर करना चाहता है। मिसाल के लिए सही है कि अमेरिका में आज 20 प्रतिशत बच्चे अविवाहित माताओं की कोख में जन्म लेते हैं लेकिन अगर आप अमेरिका का सोप ऑपेरा देखें तो उनमें गर्भवती दिखायी जाने वाली लगभग 90 प्रतिशत महिलाएँ अविवाहित होती हैं।

इधर अमेरिका में जो फिल्में बनी हैं उनमें ज्यादातर हिंसा की फिल्में हैं जिनमें औसतन दो खून और 6 भयंकर कत्लेआम होते हैं। ऐसा माना जाता है विश्यवयापी मंडी में हिंसा और सेक्स हर कहीं बिक सकते हैं क्योंकि वे कहीं भी समझे जा सकते हैं जबकि गहन सांस्कृतिक बातें और व्यंग्य विनोद हर देश के अपने ढंग के ही होते हैं। बच्चों तक के प्रोग्रामों में कार्टूनों में हर घंटे कम से कम आठ बार मारामारी होती है। आज अमेरिकी मास-कल्चर अमेरिकी लोकतन्त्र का आभूषण नहीं उसकी आत्महत्या का औज़ार नजर आने लगा है। लोगों के लिए यह मान सकना बहुत कठिन है कि जो लोकप्रिय हो वह उसी संस्कृति को समाप्त कर सकता है जिससे लोकतन्त्र उपजा।

समाचार प्रसारण : नया-पुराना

समाचार प्रसारण की व्यवस्था में अनेक परिवर्तन और प्रयोग किये गये हैं, लेकिन कुल मिलाकर प्रसारण का स्तर गिरता ही चला गया है।

शुरू में रेडियो से समाचार प्रसारित होते थे और फिल्म डिवीजन की साप्ताहिक न्यूजरील में समाचार दर्शाये जाते थे। रेडियो के समाचार मुख्य रूस से समाचार एजेंसियों के भेजे हुए संवादों पर और गौण रूप से अन्य प्रसारण व्यवस्थाओं के समाचार सुनने वाली मॉनिटरिंग सर्विस और सरकारी विज्ञप्तियों से प्राप्त सूचनाओं पर आधारित रहते थे। सारी कोशिश यह रहती थी कि समाचारों का सम्पादन और अनुवाद सीमित समय में अच्छी से अच्छी तरह कर दिया जाए और समाचार वाचक उसे अच्छी से अच्छी तरह पढ़ दे। तब तक मेगनेटिक टेप ईज़ाद नहीं हुई थी इसलिए बीच-बीच में न्यूजरीडर को बताये बगैर उसके पढ़े हुए बुलेटिन की वायर रिकार्डिंग करके बाद में उसे सुनायी जाती थी। ताकि अगर उसमें कोई कमजोरियाँ हों तो उनकी ओर इशारा किया जा सके।

बाद में मध्य-पूर्व वगैरा में विशेष संवाददाता रखने की व्यवस्था की गयी, मगर इस बात की नहीं की कि वे वहाँ से बेतार द्वारा कोई सन्देश भेज सकें जो यहाँ बुलेटिन में रिकार्ड करके सुनाया जा सके। विशेष संवाददाताओं के ये पद एक तरह से उन लोगों को विदेश की सैर का मौका देने के काम में लाये जाने लगे, जिन्हें यहाँ तरक्की देनी है।

दूरदर्शन के लिए समाचार तैयार करने के वास्ते रेडियो समाचार विमान की सेवाएँ ली गयीं। गोया 'श्रव्य-समाचार और दृश्य-श्रव्य-समाचार'

के बुनियादी भेद को पहले दिन से ही नज़रअन्दाज़ किया गया। अगर दूरदर्शन इस भेद को खर्च बचाने की किसी नीति के तहत जानबूझकर पूरी तरह से नज़रअन्दाज़ करता यानी दूरदर्शन का बुलेटिन दिखने और बोलने का काम पूरा रेडियो के समाचार विमान को सौंप देता तो भी कुछ बात बनती। लेकिन उसने अपने अलग न्यूज़रीडर रखे। बुलेटिन को सही लय और उच्चारण से पढ़ने के मामले में रेडियो के अनुभवी वाचक के मुकाबले में नौसिखिया साबित हुए और आज भी हो रहे हैं। दूरदर्शन के तमाम अधिकारी तमाम तरह के प्रशिक्षणों और सम्मेलन के सिलसिले में विदेश यात्राएँ शुरू से करते आये हैं। इसलिए यह मानने का कोई कारण नहीं कि उनको यह भी नहीं पता था कि टेलीविजन के लिए समाचार पढ़ने वाले लोग नहीं चाहिए, बल्कि ऐसे व्यक्ति चाहिए, जो पूरे आत्मविश्वास के साथ इत्मीनान से बैठे हुए समाचार सचमुच सुना सकें, उन पर टिप्पणी कर और करवा सकें और अलग-अलग केन्द्रों में बैठे हुए अपने संवाददाताओं के डिस्पैच उपयुक्त भूमिका के साथ प्रस्तुत करा सकें। विदेशों में इस तरह के व्यक्ति को एंकरमैन कहा जाता है और इस पद के लिए ऐसे लोग चुने जाते हैं, जिनका व्यक्तित्व प्रभावशाली हो, जिन्हें समाचारों की बहुत अच्छी समझ हो और जिनका दर्शकों से बातचीत करने का अन्दाज प्रीतिकर हो। ऐसे व्यक्ति को जबरदस्त तनाव में भी रिलेक्स्ड नज़र आने की कला सीखनी पड़ती है, उसे बहुत-सी बातें याद रखनी पड़ती हैं, बहुत-सी टेलीप्राम्पटर से इस अन्दाज से पढ़ लेनी होती है जैसे वह पढ़ न रहा हो और चैनल पर बैठी हुई (जी हाँ, अक्सर यह काम वहाँ स्त्रियाँ ही करती हैं) प्रोड्यूसर की हिदायतें भी सुननी पड़ती हैं और उनके मुताबिक आवश्यक परिवर्तन करते रहने होते हैं। ऐसा नहीं कि हमारे यहाँ एंकरमैन बन सकने योग्य व्यक्ति मिल ही नहीं सकते थे। प्रणव राय, भास्कर भट्टाचार्य और सिद्धार्थ बसु, विनोद दुआ, जैसे रशीद तालिक और सुधीर दर जैसे अनेक लोग दूरदर्शन के अन्य कार्यक्रमों में अपना इस तरह का संयोजन कौशल प्रदर्शित कर चुके हैं।

बुलेटिनों में दृश्य प्रधान समाचार कितने फूहड़ ढंग से प्रस्तुत किये जाते हैं, यह उनकी तुलना विदेशों से प्राप्त दृश्य प्रधान समाचारों से करके आसानी से मालूम हो जाता है। और तो और प्रणव राय के 'द वर्ल्ड दिस वीक' में जो इक्का-दुक्का आइटम बाहरी एजेंसियों से उधार लिया हुआ नहीं होता, उसका स्तर भी समाचार बुलेटिनों के दृश्य प्रधान

समाचारों से कहीं ज्यादा ऊँचा होता है।

धन्धा और धन्धे में अपनी साख की अवधारणाएँ सरकारी माहौल में बहुत तेजी से लिप्त हो रही हैं। गलत लोगों को चुना जाता है और अगर गलती से कोई सही आदमी चुन भी लिया जाए तो उसे अपनी प्रतिभा दिखाने का पूरा अवसर नहीं दिया जाता। राजनीतिक दबाव और दखलअन्दाजी से सारे लोग घबराये रहते हैं। राजीव गाँधी का राज हो तो कहा जाता है कि राजीव गाँधी अपना मुखड़ा दिखाये जाने के विषय में सूचनामन्त्री को विरोध पत्र भेज चुके हैं और वी.पी. सिंह का राज हो तो कहा जाता है कि वी.पी. सिंह अपने सूचनामन्त्री को इसी विषय में वैसा ही पत्र भेज चुके हैं। इसके बावजूद प्रधानमन्त्री और अन्य मन्त्रियों को बेकार से आयोजनों में मुट्ठीभर लोगों के सामने पिटे-पिटाये विचार व्यक्त करते हुए बुलेटिनों में बार-बार दिखाया जाता है।

बार-बार के प्रयोग और परिवर्तन के कारण समाचार सेवा में अलग-अलग कैडरों के कर्मचारियों का तनाव-भरा सह-अस्तित्व हो गया है। कुछ लोग केन्द्रीय सूचना सेवा के हैं तो कुछ लोग दूरदर्शन के अफसरान हैं। कुछ लोग दूरदर्शन के प्रोडक्शन कैडर के हैं, कुछ लोग संवाददाताओं के नये कैडर के हैं और एक बहुत बड़ा प्रतिशत न लोगों का है जो 10-10 दिन के ठेके पर काम करते हैं। इनकी आपसी राजनीति से काम कुछ और खराब होता है।

समाचारों में निष्पक्षता किसी-किसी दौर में ऐलानियाँ गैर-जरूरी मानी जाती है और जिस दौर में उसकी आवश्यकता पर जोर दिया जाता है, उसमें भी निष्पक्षता का सिर्फ इतना ही मतलब लगाया जाता है कि कभी-कभी प्रतिपक्ष के दलों का भी हालचाल सुना दिया जाये और उनके नेताओं का मुखड़ा दिखा दिया जाये। निष्पक्षता का मतलब यह नहीं लगाया जाता कि समाचारों को उनका वास्तविक महत्त्व दिया जाये और किसी भी समाचार में कोई बात छिपायी न जाये। जिस दिन महम में एक उम्मीदवार की हत्या सबसे बड़ी घटना थी, उस दिन के बुलेटिन में उसे न प्रमुखतम समाचार माना गया और न उसके सनसनीखेज पक्ष उजागर किये गये।

विजुअल के नाम पर समाचारों के साथ फुटेज की जगह सम्बद्ध व्यक्ति का चित्र देने की या एक रूपरेखा नक्शे में घटनास्थल दिखा देने की भोंडी परम्परा डाली गयी, जो अब भी जारी है। कोई घटना ऐसी

जगह में हुई हो, जिससे दर्शक अनजान हों तो किसी नक्शे में जानी-मानी जगहों के साथ-साथ उसे दिखाने की कोई तुक भी हो सकती है। फर्ज कीजिए गर्वयांग में कोई घटना होती है और आप कुमाऊँ का नक्शा बनाकर नैनीताल, अल्मोड़ा, पिथोरागढ़ के साथ-साथ गर्वयांग भी दिखाया जाता है।

इस तरह कुल मिलाकर दूरदर्शन के समाचार विभाग की अब तक कोई उपलब्धि रही है, तो यह कि उसने अशोक, कर्नाटक, केरल और मौर्य जैसे शब्दों के भ्रष्ट अंग्रेजी उच्चारण को हिन्दी में भी मान्यता प्रदान करवा दी है। कितने ही मन्त्री बदले, सचिव बदले, महानिदेशक बदले, समाचार सेवा के इंचार्ज बदले, लेकिन हिन्दी बुलेटिन में 'कर्नाटका और केरला' ही बोला जाता रहा। कोई इस ओर ध्यान न दे सका कि इन शब्दों में 'आ' की पूरी मात्रा कौन आकर जोड़ गया। अगर यह आग्रह हुआ हो कि दक्षिण भारत के नामों का उच्चारण वैसे ही किया जाये जैसे स्थानीय लोग करते हैं, तो 'कर्नाटक' के अन्तिम 'क' को हिन्दी की तरह हलन्त न बोलकर पूरा बोलकर क्यों नहीं काम चलाया गया। और अगर ऊँची भाषा का स्वभाव छोड़ने का ही आग्रह था तो पूर्वी राज्यों के सन्दर्भ में ऐसा क्यों नहीं किया गया। प्रणव मुखर्जी को प्रोणोव मुखोपाध्याय क्यों नहीं कहा जाता? कलकत्ता कोलिकोत क्यों नहीं हो गया। और यह व्यापार कब तक समाचार रहेंगे इन्हें भी व्यापार कर डालिए न।

आकाशवाणी का सीमित आकाश

चन्दा-समिति की आकाशवाणी-सम्बन्धी रिपोर्ट पर जो फैसला हुआ है यह सरकार की ढुलमुल-नीति का एक और नमूना पेश करता है। समिति का मुख्य सुझाव यह था कि आकाशवाणी को एक स्वायत्त निगम का रूप दे दिया जाए। यह सुझाव एक अर्से तक सरकार के विचाराधीन रहा। दूसरे शब्दों में यह कि फैसला करने की जिम्मेदारी टाली जाती रही। और अन्ततः जो फैसला हुआ वह न इधर का रहा, न उधर का। सरकार आकाशवाणी को स्वायत्त निगम तो नहीं बनायेगी, हाँ उसके संचालन के लिए एक ऐसा मंडल अवश्य नियुक्त कर देगी जिसमें गैर-सरकारी प्रतिनिधि भी होंगे। यह 'मध्यमार्ग' ढुलमुलयकीनी की पर्दादारी करने के लिए दफ्तरशाही नुस्खे का ही गरिमापूर्ण संस्करण है। आकाशवाणी के कार्यकलाप के सम्बन्ध में आलोचना-वाणी जोर पकड़ने लगी तो सरकार ने आकाशवाणी की खामियों को दूर करने की बजाय एक जाँच-समिति बैठाकर मुक्ति पा ली। इस समिति ने दफ्तरशाही की परम्पराओं का पूरी निष्ठा से निर्वाह करते हुए लम्बी-चौड़ी जाँच-पड़ताल की। कुछ ऐसी भेद की बातों का पता चलाया जो किसी से छिपी हुई नहीं थीं। इन बातों को ध्यान में रखते हुए समिति ने आकाशवाणी को दफ्तरशाही के दायरे से बाहर निकालकर स्वायत्त निगम बना देने का सुझाव दिया। अब यथास्थितिप्रिय सरकार के सामने अपने ही द्वारा नियुक्त समिति की सिफारिशें अनसुनी कर देने का पेचीदा सवाल पेश हुआ। इस सवाल को हल करने के लिए रिपोर्ट को 'विचाराधीन' रखे

रहने का नुस्खा आजमाया गया और अन्त में एक ऐसा फैसला किया गया जिससे परिवर्तन का आभास मिल सके, मगर कोई परिवर्तन न हो।

आकाशवाणी के कामकाज में साहित्यिकों, कला और संगीत के मर्मज्ञों, पत्रकारों और विरोधी दलों के प्रतिनिधियों का सहयोग आमन्त्रित करने से ही आकाशवाणी में सुधार नहीं हो सकता। साहित्यिकों और कला-मर्मज्ञों को प्रोड्यूसरों का पद देने का कोई ठोस नतीजा नहीं निकला। इनमें से कई प्रोड्यूसर तो अपने-अपने कला-क्षेत्र में इतने पोढ़े और बूढ़े हो चुके थे कि इनके मन में 'आखिरी वक्त क्या खाक रेडियोदाँ होंगे' वाला भाव प्रमुख रहा। प्रोड्यूसरों को इन्होंने बहुत इत्मीनान से सरकारी पेंशन का दर्जा दे दिया। जो रेडियोदाँ होने के लिए तैयार थे वे दफ्तरशाही के दायरे में बहुत कसमसाये और आखिर रेडियो की नौकरी छोड़कर चले गये। कुल मिलाकर इस 'प्रोडक्शन काडर' के नाम पर, जिसने आकाशवाणी के अफसर को 'प्रोडक्शन' से विमुख होकर कुछ और अफसर बन जाने की छूट दी, रेडियो को ऐसे ही लोग मिले जो राजनीति में रँगी अफसरशाही और अफसरशाही में डूबी राजनीति के साधक थे। पत्रकारों और विरोधी दलों के प्रतिनिधियों का भी थोड़ा-बहुत सहयोग पिछले कुछ वर्षों में आकाशवाणी द्वारा लिया जाता रहा है। इसके चलते सरकारी रेडियो से एकाध सरकार-विरोधी स्वर सुनने का आश्चर्यजनक सुख भले ही मिला हो, कार्यक्रमों के स्तर में कोई अन्तर नहीं आया है। साहित्य-कला-संस्कृति और राजनीति के क्षेत्रों का सहयोग लेने की इसी बेजान और बेअसर पद्धति को शासन-मंडल के रूप में एक बृहत्तर व्यवस्था का रूप देने से कुछ सिद्ध हो नहीं सकता। इससे अधिकार और दायित्व की वह उलझन और भी बढ़ जाएगी जो प्रोड्यूसरों की नियुक्ति के कारण पैदा हुई है। अभी झगड़ा अफसर बनाम प्रोड्यूसर है, तब इस नोंक-झोंक में शासन-मंडल के सदस्य भी शामिल हो जाएँगे। यानी लालफीताशाही से मुक्ति पाने के नाम पर आकाशवाणी के लालफीते की लम्बाई कुछ और बढ़ा दी जाएगी?

आकाशवाणी की असली समस्या है प्रतिभा और व्यावसायिक-दक्षता का अभाव। स्वाधीनता से पहले आ:ल इंडिया रेडियो का कारोबार बहुत सीमित था और इस कारोबार का संचालन प्रसारण-कला से अनुरक्त कुछ ठेठ अफसर किस्म के अधिकारी कर रहे थे। उनके संरक्षण और निर्देशन में व्यवसाय में दक्ष रेडियो-कलाकारों की बिरादरी पनपी और

फली-फूली। स्वाधीनता के बाद रेडियो के कारोबार को बहुत तेजी से फैलाया गया, अधिकारी-वर्ग के लिए इतने आकर्षक वेतन नहीं रखे गये कि प्रतिभाशाली लोग ब्राडकास्टिंग हाउस में मरने-खपने आते, व्यावसायिक-दक्षता की कोई कद्र नहीं की गयी और रेडियो कलाकार का पद अन्धे वाले अन्दाज में रेबड़ी की तरह बाँटा गया। इस प्रकार प्रतिभा का संकट पैदा हुआ और 'बहुजन हिताय, बहुजन सुखाय' का नारा लगाने वाली आकाशवाणी श्रोताओं को ऊब का सुख बाँटने लगी। स्वाधीनता से पहले प्रसारण का जो ढर्रा बना था वही किसी तरह चलाया जा रहा है। पत्रोत्तर देने वाली बहन जी से कार्यक्रम के अन्त में कुछ कहने वाली घड़ी से लेकर अंग्रेजी समाचारों में भारतीय नामों के भ्रष्ट उच्चारण तक, भजनों और लोकगीतों की सन्दर्भ-सहित व्याख्या करने वाले एनाउंसरों से लेकर कहावतों पर वार्त्ता-मालाएँ प्रस्तुत कराने वाले पैक्सों तक, बेहाल अन्दाज में पेश किये जाने वाले आँखों-देखा हाल से लेकर प्रोग्राम-कम्पोयर की नकली झिलमिलाहट तक, बुझी-बुझी झलकियों से लेकर पिटे-पिटाये परिसंवादों तक आकाशवाणी अपने सीमित आकाश में बदस्तूर गूँज रही है। व्यावसायिक दक्षता के ह्रास के कारण उसका बेसुरापन अलबत्ता काफी बढ़ गया है। व्यावसायिक दक्षता की पुनर्स्थापना के लिए यह आवश्यक है कि आकाशवाणी या तो पूरी तरह व्यावसायिक क्षेत्र में आ जाए या प्रसारण के लिए सरकार कुशल अफसरों की भरती और प्रशिक्षण करे और सारा महकमा पूरी तरह उनके हाथों में दे दे। अधकचरेपन के माहौल में दक्षता तो दूर अनुशासन तक आकाशवाणी को उपलब्ध हो नहीं सकता।

दूर के दर्शन सुहावने उर्फ ओ वीडिओ!

नमस्कार! एयर इंडिया के महाराजा की बैठक में आपका स्वागत है। मैं सचमुच आपका बहुत आभारी हूँ कि आपने एयर इंडिया की पत्रिका उठायी, उल्टी-पल्टी, और—खाली से बेगार भली वाले अन्दाज़ में ही सही—यह लेख पढ़ ही लेने का फैसला किया। साहब जेट की रफ्तार से दौड़ने वाले इस जमाने में छपे हुए अक्षरों से आँखें लड़ाने का न धैर्य बचा है, न धर्म रहा है। आज से चालीस-एक साल पहले, जब छपे अक्षरों का जादू अपने जोबन पर था, घर-घर में यह देखने को मिलता था कि सारे लड़के-लड़कियाँ अपनी-अपनी किताब खोले हुए खाना खा रहे हैं। और उनके बुजुर्ग, जो अक्षरों को बाँचने के नहीं, श्रद्धापूर्वक कण्ठस्थ कर लेने के कायल थे, उनकी किताबें छीनकर अलग रख देना चाह रहे हैं। किताब खोले हुए चौके में पहुँचने वाले तब के जवान आज बुजुर्गों की भूमिका में लड़के-लड़कियों से यह कहते नजर आ रहे हैं कि भैया कभी तो किताब पढ़ लिया करो।

इसमें कोई शक नहीं कि किताबें आज पहले से कहीं ज्यादा छपती हैं लेकिन इसमें भी कोई शक नहीं है कि कुल आबादी में किताबें पढ़ने का शौक रखने वालों का अनुपात तेजी से घटता चला जा रहा है। अमरीका जैसे देशों में तो लोग-बाग किताबें महज वक्त काटने के लिए खरीदने लगे हैं, सँभाल के रखने, बार-बार पढ़ने के लिए नहीं। अक्सर यह देखने को मिलता है कि यात्री सफर में खरीदी किताब अपना स्टेशन आने पर गाड़ी में ही छोड़कर उतर जाते हैं।

पत्र-पत्रिकाओं का हाल भी कुछ कम बुरा नहीं। ग्राहक और विज्ञापन जुटाने की खातिर वे पहले से ज्यादा रंगी-चुंगी और वज़नी हो चली हैं लेकिन उन्हें पूरा का पूरा चाट डालने वाले, फाइलों में बाँधकर रखने वाले, ढूँढ़े नहीं मिलते। उन्हें अब गोया पढ़ने के लिए नहीं, सेंटर-टेबल पर उसी तरह सजा के रखने के लिए खरीदा जाता है जिस तरह वे नाइयों की दुकानों और डॉक्टरों के दवाखानों में रखी जाती रही थीं। प्रतीक्षा करते हुए पढ़ लीजिए।

पढ़ने की संस्कृति के गुज़र जाने पर आँसू बहाने बैठता हूँ तो याद आता है कि हमारे बुजुर्ग सुनकर कंठस्थ करने की मौखिक संस्कृति के गुज़र जाने पर इसी तरह विलाप किया करते थे। उन्हें हैरानी होती थी कि हमें महाकाव्य रटे पड़े नहीं हैं। बीस के आगे का पहाड़ा हमें याद नहीं कराया गया है। सवाया-ढैया वाले पहाड़े तो हमने सीखे तक नहीं हैं। बदलना जमाने का पुराना दस्तूर है, लिहाजा आँसुओं को पीकर असलियत पर गौर करता हूँ और पाता हूँ कि पढ़ने की संस्कृति की जगह ले ली है देखने-सुनने की संस्कृति ने। और देखना-सुनना भी दूर ही दूर से। 'टेली' यानी 'दूर' यह प्रत्यय आज टेलीफोन से लेकर टेलीविजन तक हर चीज से जुड़ा हुआ है। सारी दुनिया आज घर-बैठे दुनिया-जहान की बातें देख-सुन रही है। दूर-संचार की मेहरबानी से दूरियाँ, नजदीकियाँ बन चली हैं। आस्ट्रेलिया में खेला जा रहा क्रिकेट मैच हो या अमरीका में हुआ राष्ट्रपति-चुनाव सब कुछ गोया हमारी बैठक में, हमारी आँखों के सामने, हमारे टी.वी. सैट पर होता है।

पढ़ने की जगह टेलीविजन देखने ने ले ली है तो मानसिक धरातल पर भी दूरियाँ, नजदीकियों में बदल गयी हैं। कहीं दूर अमरीका में नौजवान पीढ़ी 'हलो' की जगह 'हाय' कहना शुरू करती है और लीजिए तमाम दुनिया में हाय-हाय मच जाती है। किसी अफ्रीकी लोक-धुन की 'ओये-ओये', किसी अमरीकी 'पॉप' धुन में शामिल कर ली जाती है और वहाँ से किसी हिन्दी फिल्मी गीत में मार लिए जाने पर भूले-बिसरे हिन्दुस्तानी सम्बोधन 'ओय-ओय!' को नया जीवन प्रदान कर जाती है। दूर-संचार से दूर ही दूर रहने वाला मेरे-जैसा किताबी कीड़ा हैरान हो जाता है कि बम्बई से लेकर दिल्ली तक सहसा नयी पीढ़ी 'ओय! ओय!' क्यों करने लगी है?

समाजशास्त्री कहते हैं कि दूर-संचार ने सारी दुनिया को सच्चे मानों

में एक धागे में पिरो दिया है। इसके चलते गोया सारा 'ग्लोब' ही हमारा गाँव बन चला है। जिस तरह गाँव के सारे लोग चौपाल में बैठकर कथा-कीर्तन सुनते थे उसी तरह आज अपने-अपने टेलीविज़न सेट के आगे बैठकर एक ही कार्यक्रम देखते-सुनते हैं। इसका मतलब यह हुआ कि जिस मौखिक संस्कृति के गुजर जाने का मेरे बुजुर्ग अफसोस किया करते थे, वह मेरे बच्चों के जमाने में दूर-संचार की कृपा से लौट आयी है। मौखिक संस्कृति की दो विशेषताएँ हैं—सामुदायिकता और ग्रहणशीलता। स्वामीजी प्रवचन कर रहे हैं, और आप बिरादरी के साथ बैठकर सुन रहे हैं। स्वामीजी प्रवचन में उसी तरह की बातें कह रहे हैं जिस तरह की बातें बिरादरी सुनना चाहती है और आप उन बातों का वही अर्थ लगा रहे हैं जो स्वामीजी लगवाना चाहते हैं। किताब पढ़ने की संस्कृति में यह है कि किताबों में विचार कई तरह के हैं। उन विचारों को आप अकेले और मन ही मन पढ़ रहे हैं और उनके बारे में अपनी राय अपने ढंग से कायम कर रहे हैं। दूसरे शब्दों में किताब पढ़ने की संस्कृति व्यक्तिवाद और लोकतन्त्र की संस्कृति है। शायद इसीलिए मौखिक संस्कृति के झंडाबरदारों ने उसका विरोध किया था—हम ऐसी कुल किताबें काबिले जब्ती समझते हैं कि जिनको पढ़कर बेटे बाप को खब्ती समझते हैं।

मौखिक संस्कृति की वापसी की एक निहायत दिलचस्प निशानी यह है कि डाक विभाग की आमदनी के मुकाबले में टेलीफोन विभाग की आमदनी कहीं ज्यादा तेजी से बढ़ रही है। लोग-बाग चिट्ठी लिखने का कष्ट करने की बजाय फोन से 'हलो-हलो' कर लेना बेहतर समझते हैं। यह रोग इतना बढ़ चला है कि विस्तृत, रोचक और सूचनाप्रद पत्र लिखने की कला नयी पीढ़ी में लुप्त-सी हो चली है। आज के नौजवान फोन पर घंटों 'तो और सुना।' 'सच।' 'पता है?' मार्का आयी-गयी किस्म की बतकही कर सकते हैं, लेकिन पोस्टकार्ड पर चार पक्तियाँ घसीट सकना उनके लिए दूभर हो जाता है। फोन से बात करने के इस मर्ज़ का एक और भी पहलू है, जिससे संकेत मिलता है कि दूर-संचार दूरियाँ मिटाते-मिटाते दूरियाँ बढ़ाता जा रहा है। अमरीका में बैठा हुआ मेरा बेटा मुझे पत्र लिखने की जगह मुझसे फोन पर ही बात करता है तो मैं यह भ्रम पाल सकता हूँ कि नया ज़माना अपने जादुई आलों से दूरियों को समेट लेना चाहता है। लेकिन जब वही बेटा दिल्ली में अपने दोस्तों से मिलने जाने की बजाय उन से टेलीफोन पर ही सारी गपशप कर लेता है तब मुझे यह

आभास होता है कि दूरियाँ मिट जाने से नया जमाना इतना खुश है कि उसे नजदीक आना गैर-जरूरी मालूम होने लगा है।

तो जहाँ दूरियाँ नजदीकियाँ बन रही हैं, वहाँ नजदीकियाँ दूरियाँ बनी जा रही हैं। घर-परिवार में, पास-पड़ोस में बतकही और गपशप के लिए अब किसी को समय ही नहीं मिलता क्योंकि फुर्सत का वक्त अब टी.वी. या वी.सी.आर. का वक्त हो गया है। पहले इतवार इष्ट-मित्रों से मिलने का दिन हुआ करता था। अब वह लोकप्रिय सीरियल और फिल्म का दिन हो गया है। आप बहुत उत्साह से किसी से मिलने पहुँचते हैं और पाते हैं कि वह तो टी.वी. सेट से चिपका हुआ है। आपका उससे कोई संवाद नहीं हो सकता, अलबत्ता आप भी उसी की तरह खामोश बैठे हुए टी.वी. पर दिखाये जा रहे सीरियल के संवाद सुनते रह सकते हैं। जब आपस में बातचीत ही नहीं होती तब जाहिर है एक-दूसरे के बारे में जानकारी नहीं हो पाती।

इसके चलते एक अजीबोगरीब माहौल बन रहा है जिसमें लोग-बाग पड़ोस के परिवार के बारे में उतना नहीं जानते जितना कि टी.वी. पर दिखाये जाने वाले धारावाहिक के परिवार के बारे में। बल्कि यों कहना चाहिए कि उनके लिए पड़ोसी परिवार असलियत की हैसियत ही नहीं रखता। टेलीविजन पर दिखाया जाने वाला परिवार ही उनके लिए असली पड़ोसी हो चला है। 'हम लोग' और 'बुनियाद', ये दो लम्बे सीरियल लिखते हुए मुझे इस विचित्र उलट-फेर का बार-बार आभास मिला। दर्शक मुझे लिखते कि अमुक पात्र को समझाइए कि वह ऐसा करे और वैसा न करे। 'हम लोग' के परिवार की बड़ी बेटी 'बड़की' ने जब अपने प्रेमी 'डॉक्टर अश्विनी' से शादी के लिए इसलिए इनकार कर दिया कि अश्विनी के अभिभावक चाहते थे कि वह पहले उनसे माँफी माँगे तब दर्शकों ने डाक-तार-फोन का प्रयोग करते हुए मुझसे कहा कि बड़की को सही राह पर लाइए। उन्होंने विस्तार से मुझे बताया कि बड़की को समझाने के लिए मैं क्या-क्या कहूँ और किस तरह कहूँ।

सीमा भार्गव नामक जो अभिनेत्री 'बड़की' की भूमिका कर रही थी उन दिनों बिल्कुल हैरान-परेशान हो गयी क्योंकि सड़कों-बाजारों में अनजान लोग उसे रोक-रोक कर समझाने लगे, कि बेटी बुजुर्गों की बात माननी चाहिए। जिद छोड़, माफी माँग और अश्विनी से शादी कर ले। हालाँकि सोची हुई कहानी में बड़की की अश्विनी से शादी नहीं होनी थी

लेकिन जब यह अफसाना दर्शकों के लिए हकीकत बन गया और वे बड़की और अश्विनी की अनबन को लेकर बेहद भावुक और उत्तेजित हो चले तब मुझे शादी करानी ही पड़ी। इधर बड़की ने माफी माँगी और शादी की तारीख तय हुई, उधर वर-वधू के लिए बधाई के कार्ड और तार बड़े पैमाने पर आने शुरू हो गये। छोटे-छोटे उपहार भी मिले और बड़े-बड़े उपहार देने के प्रस्ताव हुए। टेलीविजन युग की इस परिकथा अथवा परीकथा की पराकाष्ठा तब हुई जब एक छोटे-से कस्बे के युवा-संगठन ने लिखा कि हमने बड़की-अश्विनी के लिए एक रंगीन टेलीविजन सेट खरीदा है बताइए किस पते पर भिजवाया जाय?

जैसे छपाई से पहले की मौखिक संस्कृति ने सामुदायिक मिथक-पुराणों को जन्म दिया था कुछ वैसे ही टेलीविजन के बाद की यह 'मशीनी मौखिक' संस्कृति भी मिथक-पुराण तैयार कर रही है। अमरीकी धारावाहिक 'डेलास' का खलनायक 'जे.बी.' सारी दुनिया के लिए खलनायक बन जाता है। 'स्टार ट्रैक' के लम्बे कानों वाले 'स्पॉक' को दुनिया में बच्चा-बच्चा पहचानने लगता है। जब मैं 'बुनियाद' लिख रहा था तब एक पाकिस्तानी लेखक ने मुझसे कहा, भई वीरावाली की एक तस्वीर दिलवा दो। तुम नहीं जानते कि मेरी बहनों को उससे किस कदर लगाव है। मैं जब कई महीने लन्दन में गुजारने के बाद लाहौर लौटा तो उन्हें किसी वीरावाली के बारे में बातें करते सुना। मैंने उनसे पूछा कि क्या कोई हिन्दू परिवार पड़ोस से आ बसा है? और तब मुझे पता चला कि 'वीरावाली' एक टी.वी. सीरियल की हीरोइन है। जब पुरानी मौखिक संस्कृति के मिथक इस नयी मशीनी मौखिक संस्कृति के माध्यम से प्रसारित किये जाते है तब तो महा-मिथक वाला मामला बन जाता है। इसका अनुभव हमने 'रामायण' और 'महाभारत' के धारावाहिक प्रसारण के दौरान किया है।

नयी मौखिक संस्कृति का कुछ लोग 'सूचना क्रान्ति' कहकर स्वागत कर रहे हैं तो कुछ उसे विचार-शून्य अनपढ़ों का युग बता रहे हैं। ऐसे अनपढ़ों का जो छोटे-से पर्दे पर तस्वीरें देखकर और साथ आती आवाजें सुनकर सारी जानकारी चलते-फिरते या बैठे ठाले निहायत ही आये-गये अन्दाज से हासिल करते हैं। जानकारों का कहना है कि दर्शक इस छोटे पर्दे पर लगातार छह मिनट से ज्यादा ध्यान नहीं दे पाते। यह भी कि वीडियो पर देखी चीज जितनी जल्दी समझ में आती है उतनी ही जल्दी

भूल भी जाती है। जब अमेरिका में समाचार साप्ताहिक 'टाइम' का प्रकाशन शुरू हुआ था तब चिन्तक ड्वाइट मैकडोनाल्ड ने कहा था कि 'टाइम' उन लोगों के लिए है जिनके पास रोजाना समाचार-पत्र पढ़ने की फुर्सत नहीं है। इसके बाद सचित्र पत्रिका 'लाइफ' निकलने पर उन्होंने फब्ती कसी थी कि यह उन लोगों के लिए है जिन्हें पढ़ना भी नहीं आता। पता नहीं टेलीविजन के बारे में ड्वाइट क्या कहते। यह कि टेलीविजन उनके लिए है जिन्हें पढ़ना नहीं आता और खुद सोचना भी। वीडियो क्रान्ति के आलोचक यह भी कहते हैं कि छोटे पर्दे पर आकर बड़ी-से-बड़ी बात छोटी हो जाती है। यह महत्त्वपूर्ण को भी महत्त्वहीन और महत्त्वहीन को महत्त्वपूर्ण बनाने वाला माध्यम है जो वीएतनाम युद्ध और साबुन को एक भाव बेच सकता है।

उधर 'सूचना क्रान्ति' के पक्षधर कहते हैं कि दूर-संचार के माध्यमों और कम्प्यूटर ने मिलकर पहली बार इस सम्भावना को जन्म दिया है कि सब लोग सब बातें जान सकेंगे, सच्चे मानों में लोकतन्त्र हो सकेगा, एक नयी विश्वव्यापी लोकसंस्कृति उभर सकेगी और वह टटका, भोला-भाला, मानवीय जीवन-दर्शन लौट सकेगा जिसे हम मशीनी और किताबी युग में खो बैठे थे। बहरहाल पक्ष-विपक्ष दोनों ही सहमत हैं कि टी.वी. वीडियो ने दुनिया के सारे लोगों के लिए सारी दुनिया सुलभ कर दी है। उन के सामने लाकर रख दी है। मिर्जा ग़ालिब की तरह वे कह सकते हैं 'बाजीच-ए-अत्फाल है दुनिया मेरे आगे, होता है शबो-रोज तमाशा मेरे आगे!'

दुनिया आपके लिए बच्चों के खेल का मैदान बन गयी है, दिन-रात आपके सामने ज़माने भर का तमाशा चल रहा है। अब यह तो आप पर है कि इससे आप में भोला बचपन जागता है कि बूढ़ा वैराग्य जोर मारता है। बहरहाल मैं उम्मीद करता हूँ कि जल्दी ही हवाई जहाज में भी आपके आगे छोटा पर्दा लटकाया जाएगा और उसमें आप कोई नया तमाशा देख सकेंगे।

अभिव्यक्ति की आजादी और सुकुमार जन-भावनाएँ

लोकतन्त्र से पहले अभिव्यक्ति की स्वतन्त्रता जैसी कोई चीज नहीं थी। हर इंसान मुँह खोलने और कलम कूची या छैनी उठाने से पहले दस बार यह सोचता था कि मेरे कहे या रचे पर मेरे समाज और मेरे शासक की क्या प्रतिक्रिया होगी? अपने समाज की मान्यताओं के विरोध में कुछ कहना या करना पंगत से बाहर कर दिये जाने का खतरा मोल लेना था। तब से अपने शक्तिशाली हर व्यक्ति को अपने स्वामी और शासक का दर्जा देना पड़ता था। उसकी शान के खिलाफ कुछ भी कहना या करना अपनी जान जोखिम में डालना था। मन्त्री तक राजा से अभयदान मिलने पर ही उसकी रीति-नीति की आलोचना कर पाते थे, सो भी आड़े-तिरछे ढंग से और दबी जबान से। आधुनिक लोकतन्त्र नागरिक को हर प्रकार की सत्ता के भय से मुक्त कराता है और उसे अभिव्यक्ति की पूरी स्वतन्त्रता देता है।

ऐसी स्वतन्त्रता देने के पीछे तर्क यह है कि अगर सब व्यक्ति समान हैं और स्वतन्त्र हैं तो किसी को क्या अधिकार है कि वह दूसरे को अपनी बात अपने ढंग से न अभिव्यक्त करने दे? वह अगर गलत या गन्दी या नुकसान पहुँचाने वाली बात भी कह या रच रहा होगा तो समझदार लोगों के समाज में उसे उपेक्षा ही मिलेगी। लेकिन मुसीबत यह है कि लोकतन्त्र में विश्वास करने वालों को भी आम नागरिक की समझदारी पर पूरी तरह

विश्वास नहीं हो पाता। इसीलिए वे संविधान में वाणी और अभिव्यक्ति की स्वतन्त्रता पर अंकुश लगाते हैं कि ऐसा कुछ न कहा-रचा जाए जिससे राष्ट्र या समाज का अहित हो अथवा जनभावना को ठेस पहुँचने से दंगे हो सकते हों।

यों लोकतन्त्र से पहले जन भी थे, भावनाएँ भी थीं किन्तु जनभावनाओं को ठेस पहुँचने की कहीं कोई चिन्ता न थी। दूसरे समुदायों की भावनाओं को आप आराम से ठेस पहुँचा सकते थे क्योंकि वे आपके लिए हर अर्थ में अजनबी और पराये थे और अक्सर दुश्मन भी। ऊँच-नीच की जड़ें इतनी गहरी जमी हुई थीं कि समाज और सत्ता के ऊँचे सोपानों पर बैठे हुए लोग अपने से निचले सोपानों पर बैठे हुए लोगों का बड़े इत्मीनान से अपमान कर सकते थे। सो इसलिए कि सामन्ती समाज में नीचे वाले को अपना नीचा होना उतना ही सहजता से स्वीकार था जितना ऊँचे को अपना ऊँचा होना।

इन गर्मियों में मैं जब अपने पुश्तैनी नगर गया तब मेरा एक वयोवृद्ध वैश्य से परिचय कराया गया। मैं उनका हाथ जोड़कर अभिवादन कर रहा था कि वह मेरे कदमों पर झुके। मैंने यह सोचा कि शायद उनकी कोई चीज गिर गयी है लेकिन अगले ही क्षण तब मैं शर्म से पानी-पानी हो गया जब मैंने पाया कि वह उस सामन्ती परम्परा का निर्वाह कर रहे हैं जिसके अन्तर्गत अन्य वर्णों के लोग ब्राह्मण बालकों तक के पाँव छूते थे। इसी प्रकार सामन्ती दौर की रचनाओं को पढ़ने पर आश्चर्य होता है कि उनमें धर्म, जाति, लिंग और क्षेत्रगत पूर्वाग्रह कितने धड़ल्ले से व्यक्त कर दिये जाते हैं। हाल में रामचरितमानस पढ़ते हुए ब्राह्मणों को देवताओं से भी ऊँचा और शूद्रों को इंसानों से भी नीचा दर्जा देने वाली उक्तियाँ मेरे आधुनिक संस्कारों को बहुत कष्ट में डालती रहीं।

तो लोकतन्त्र ने सामन्ती दौर की अपमानजनक असमानता को और अपने-पराये के आधार पर मानव-मानव में अमानवीय भेदभाव को समाप्त करने के लिए अभिव्यक्ति की स्वतन्त्रता दी और उस पर अंकुश भी रखा है। स्वतन्त्रता और अंकुश दोनों के रहते बड़ी बिडम्बनापूर्ण स्थिति बनती है। एक ओर हर कोई कुछ भी कह या रच सकने के लिए आजाद है तो दूसरी ओर हर कोई अपने विरोधी की कही या रची बात जनभावनाओं को ठेस पहुँचने वाली बताकर आन्दोलन छेड़ने और राजनीतिक लाभ उठाने के लिए सारे नेता और उनसे जुड़े हुए बुद्धिजीवी

पापी वोट और गद्दी की खातिर जनभावनाओं को अधिकाधिक सुकुमार मानते चले जा रहे हैं।

इंग्लैंड में सलमान रश्दी की 'सैटेनिक वर्सेज' प्रकाशित होती है और उसकी समीक्षा पढ़कर ही एक प्रबुद्ध भारतीय मुस्लिम नेता यह कहता है कि इससे जनभावनाओं को ठेस पहुँच सकती है, लिहाजा इस पर भारत में प्रतिबन्ध लगा दिया जाए। भारत पुस्तक पर प्रतिबन्ध लगाने वाला पहला देश बनता है और इसके साथ ही वह सिलसिला शुरू होता है जिसके अन्त में रश्दी की हत्या के लिए ईरान से फतवा जारी होता है। एक अरसे से हिन्दू देवी-देवताओं के चित्र बहुत श्रद्धा से बनाते आये कलाकार मक़बूल फिदा हुसैन के किसी एक चित्र में देवी को निर्वस्त्र पाकर तोड़फोड़ शुरू कर दी जाती है और अन्त में कलाकार को माफी माँगनी पड़ती है। पत्रकार अरुण शौरी काफी शोध करके बाबा साहेब अम्बेडकर के बारे में किताब लिखते जिसे जनभावनाओं को ठेस पहुँचाने वाली बताकर जलाया जाता है और उस पर प्रतिबन्ध लगाने की माँग की जाती है। कई बार ऐसा भी होता है कि कहने या रचने वाला विरोध पक्ष का होता ही नहीं है और 'जनभावनाओं' को रुष्ट नहीं, तुष्ट करने निकला होता है तो भी वोट की राजनीति करने वाले कहते हैं कि आपने जनभावनाओं को ठेस पहुँचायी है।

'साप्ताहिक हिन्दुस्तान' का सम्पादन करते हुए मुझे खुद कई बार इसका अनुभव हुआ। उदाहरण के लिए इस्लाम के नवोदय पर बहुत ही सहानुभूतिपूर्ण आवरण कथा छापने के बाद मुझ बताया गया कि मैंने आवरण पृष्ठ पर पवित्र काबा की तस्वीर छापकर और पवित्र कुरान की आयत उद्धृत करके जनभावनाओं को ठेस पहुँचायी है क्योंकि इस बात की कोई गारंटी नहीं है कि इस मुखपृष्ठ पर कोई पाँव नहीं रख देगा। इसी तरह जब मैंने हिन्दू धर्म के शृंगारिक पक्ष की प्रतीकात्मकता समझने के लिए पंडित विद्यानिवास मिश्र का लेख छापा तब मैं सोचता था कि इससे सनातनी लोग सन्तुष्ट होंगे। किन्तु सनातन धर्म सभा ने मुझे लिखा कि मुखपृष्ठ पर श्रीराधाजी का जो चित्र छपा है उसमें पहने वस्त्र के कारण श्रीराधाजी के अंग दीख रहे हैं। इससे हिन्दुओं की धार्मिक भावनाओं को ठेस पहुँची है। सभा को यह सम्पादकीय सफाई बिल्कुल गलत लगी कि वह काँगड़ा शैली का प्रसिद्ध पुराना चित्र है जो राष्ट्रीय संग्रहालय में रखा हुआ है। विचित्र विडम्बना थी कि शुगर के प्रति

सनातनी दृष्टि सनातन धर्म सभा को आपत्तिजनक लगी।

जनभावनाओं की राजनीति करने वालों का यह विडम्बनापूर्ण रवैया पिछले दिनों उस नाटक के सन्दर्भ में सामने आया जिसमें गाँधीजी को खलनायक और उनके हत्यारे गोडसे को नायक दर्शाया गया है। मुम्बई में यह नाटक गुजराती में 80 बार खेले जा चुकने के बाद जब मराठी में भी खेला जाने लगा तब जाकर कहीं महाराष्ट्र सरकार विरोधियों का खयाल आया कि इससे जनभावनाओं को ठेस पहुँच रही है और दंगों की आशंका है जबकि कुछ पत्र-पत्रिकाओं के अनुसार स्थिति यह थी कि नाटक के दर्शक तालियाँ बजा रहे थे। इस नाटक को लिखने, खेलने और देखकर खुश होने वाले लोग उसी बिरादरी के थे जिसकी भावनाओं को कलाकार हुसैन के बनाये हुए चित्र से ठेस पहुँची थी और इस नाटक पर प्रतिबन्ध लगाने की माँग को लेकर उसी बिरादरी के लोग आगे आये जिसने कलाकार हुसैन का समर्थन किया था।

फिर यह देखिए कि गाँधी को हीरो से जीरो बनाने वाले इस नाटक पर आपत्ति करने वाले ये लोग उसी बिरादरी के हैं जो स्वयं आजादी के बाद गाँधी जी को राजनीतिक दृष्टि से सिफर बनाने में जुटी रही है। नाटक पर प्रतिबन्ध लगवाने के लिए उन्होंने संसद और सड़क दोनों में हो-हुल्लड़ करने का वह रास्ता अपनाया जो किसी भी दृष्टि से गाँधीवादी नहीं कहा जा सकता था। और परम विडम्बना यह कि केन्द्र सरकार की ओर से इस नाटक पर प्रतिबन्ध लगाने की नेक सलाह उस राष्ट्रीय स्वयंसेवक संघ से जुड़े व्यक्ति ने दी जिसे गाँधी जी की रीति-नीति पर उतनी ही आपत्ति थी जितनी कि गोडसे को। और हाँ, उस नेक सलाह को मानकर नाटक के प्रदर्शन पर रोक शिवसैनिक मुख्यमन्त्री ने लगायी जबकि शिवसेना इस नाटक के खेले जाने के पक्ष में थी।

पूछा जाना चाहिए कि इस नाटक को लेकर जो सारा नाटक खेला गया क्या उससे स्थिति में कहीं कोई परिवर्तन आया? क्या गाँधी जी सचमुच हमारे नेताओं के राजनीतिक हृदय में आरायूख के रूप में स्थापित हो गये? मैं समझता हूँ कि इस तरह की ढोंगी और प्रतीकात्मक राजनीति से महात्मा गाँधी की आत्मा को निश्चय ही कष्ट पहुँचा होगा। अफसोस कि यह प्रवृत्ति दिनोंदिन जोर पकड़ती जा रही है। और कुछ करो न करो, सड़कों के नाम बदलवा दो, इसकी मूर्ति हटवाकर उसकी मूर्ति लगवा दो, इस या उस चीज को जनभावनाओं को ठेस पहुँचने वाली

सिद्ध करके आन्दोलन छेड़ दो, अगर सत्तारूढ़ पार्टी प्रतिबन्ध लगा दे तो वाहवाही लूटो, न लगाये तो अगले चुनाव में उसी मुद्दे पर वोट पाओ। उकसाई जनभावना के नुमाइन्दे बनाकर कुछ गुंडों को भेज दो और तोड़फोड़ करवा दो ताकि टी.वी. में कवरेज आये और अगले चुनाव में इस बहादुरी के लिए वोट मिले। वाणी और अभिव्यक्ति की स्वतन्त्रता की व्याख्या इस तरह करो कि हम सच्चे जनहितैषी हैं इसलिए यह आजादी हमें तो दो लेकिन हमारे उन राजनीतिक प्रतिद्वन्द्वियों को नहीं जो जनता के दुश्मन हैं। उनके लिए तो अंकुश काम में लाओ।

इस प्रवृत्ति से कैसी विचित्र स्थिति बन सकती है इसे हम अमरीका में देख सकते हैं। वह देश कभी इस बात पर नाज करता था कि वहाँ विभिन्न देशों, नस्लों और भाषाओं वाले लोग एक ही सांस्कृतिक साँचे में बदलकर संयुक्त राज्य का नाम सार्थक करते हैं। लेकिन अब वहाँ लिंग, नस्ल, भाषा, वय आदि के आधार पर स्वहित रक्षा के लिए सरकार और अन्य संस्थानों पर दबाव डालने की नीयत से इतने अधिक गुट बन गये हैं कि कुछ लोगों को संयुक्त राज्य के सांस्कृतिक और राजनीतिक दृष्टि से विभक्त हो जाने का खतरा नजर आने लगा है। इतिहास फिर से लिखवाये जा रहे हैं कि हमारे प्रति अपमानजनक बातें काटो, हमारे प्रति सम्मानजनक बातें जोड़ो। साहित्य के पाठ्यक्रम बदलवाये जा रहे हैं कि इसमें से वे तमाम महान ग्रन्थ हटवा दो जिनमें हमारी शान के खिलाफ कुछ भी कहा गया हो। यहाँ तक कि भाषा भी निरन्तर बदलवायी जा रही है कि उसमें ऐसा कुछ भी न जोड़ो जिसमें पुराने शोषण और अपमान की गन्ध आती हो। इसके चलते 'व्यक्ति' के अर्थ में आदमी शब्द का प्रयोग बन्द करा दिया गया है कि क्या औरत किसी गिनती में नहीं है? तो अब 'चेयरमैन' नहीं होता तो 'चेयरपरसन' होता है।

जब मैं '82 में अमेरिका गया था तब नीग्रो को ब्लैक पुकारना आपके राजनीतिक दृष्टि से सभ्य होने का परिचायक था। दस वर्ष बाद वहाँ जाने पर मैंने किसी को ब्लैक कहा तब उसे मुझे एक असभ्य शब्द इस्तेमाल करने पर झिड़की पड़ी और मैंने जाना कि अब एफ्रो-अमरीकन कहना होता है। इसी तरह 'ब्लाइंड' (दृष्टिहीन) पहले ऑप्टिकली हैन्डीकैप्ड (चाक्षुषतया असमर्थ) हुआ करता था। लेकिन उसे भी 'ऑप्टिकली चैलेंज्ड' (चाक्षुषतया चुनौती प्राप्त) कर देना पड़ा। मानो नाम बदल देने से ही असमर्थों के प्रति समर्थों का, शोषितों के प्रति शोषकों का रवैया

बदल जाता हो।

एक ओर जहाँ इस तरह हो-हल्ला करके कुछ अंकुश लगवा दिये जाते हैं वहाँ दूसरी ओर जहाँ अंकुश लगाने की सख्त जरूरत है वहाँ अदालतें वाणी और अभिव्यक्ति की स्वतन्त्रता को लोकतन्त्र का मूलाधार मानते हुए अनुमति देने से इनकार कर देती हैं। उदाहरण के लिए प्रेसिडेंट क्लिंटन ने इंटरनेट द्वारा अश्लील सामग्री सर्वत्र उपलब्ध करा दिये जाने पर रोक लगाने की कोशिश की तो इसकी अनुमति नहीं मिल सकी। अदालतों का यह नजरिया बिल्कुल सही है कि एक बार वाणी और अभिव्यक्ति की स्वतन्त्रता पर अंकुश लगाने की अनुमति दे दी गयी तो फिर राजनीतिक दबाव में यह सिलसिला चलता ही रहेगा और लोकतन्त्र तानाशाही का रूप लेने लगेगा। तो कुल मिलाकर यही कहा जा सकता है कि लोकतन्त्र ऐसे सयाने और समझदार नागरिकों की माँग करता है जो न वाणी और अभिव्यक्ति की स्वतन्त्रता का दुरुपयोग करेंगे और जो न उस स्वतन्त्रता पर लगे अंकुश का राजनीतिक लाभ के लिए दुरुपयोग कराना चाहेंगे।

दूरदर्शन के संवादहीन संवाददाता

भारत में टेलीविजन एक प्रयोग के रूप में शुरू किया गया था और दूरदर्शन से प्रसारित होने वाले समाचारों को देखने-सुनने से यही संकेत मिलता है कि स्थिति कुल मिलाकर अब भी प्रयोगात्मक ही है। जिस समय दूरदर्शन से समाचार प्रसारण आरम्भ किया गया था, आकाशवाणी में समाचार प्रसारण की बहुत पुरानी और अनुभवी व्यवस्था थी। समाचार प्रभाग में ऊपर से लेकर नीचे तक पत्रकार भी काम करते थे। गोया समाचार प्रभाग का 'कॉडर' आकाशवाणी के मुख्य कॉडर से बिल्कुल अलग था। इसी तरह 'दृश्य-श्रव्य' समाचारों के लिए तब फिल्म प्रभाग का न्यूज़ रील विभाग सक्रिय था। अक्लमन्दी का यह तकाज़ा था कि दूरदर्शन में समाचार प्रसारण के लिए बिल्कुल अलग व्यवस्था की जाये और उसे चलाने के लिए आकाशवाणी के समाचार प्रभाग और फिल्म प्रभाग के न्यूज़ रील डिवीजन से अनुभवी कर्मचारी बुला लिए जाएँ। लेकिन अक्लमन्दी से दफ्तरशाही की दुश्मनी पुरानी है।

दफ्तरशाही ने आकाशवाणी के समाचार प्रभाग की सेवाएँ लीं जरूर, लेकिन उन्हें दूरदर्शन की आवश्यकताओं के अनुरूप ढालने की कोई कोशिश नहीं की। एक प्रकार से आकाशवाणी का समाचार बुलेटिन ज्यों का त्यों उधार लिया जाने लगा। आज तमाम प्रयोगों और परिवर्तनों के बावजूद ज्यादातर खबरें आकाशवाणी के 'पूल' से ही दूरदर्शन बुलेटिन के लिए ली जाती हैं। जहाँ तक फिल्म प्रभाग के न्यूज रील विभाग का सम्बन्ध था, दफ्तरशाही ने उसे दूरदर्शन से दूर ही रखा। दूरदर्शन

बुलेटिनों के लिए 'विजुअल' गोया दृश्य सामग्री जुटाने की अलग से विभागीय व्यवस्था की गयी और सो भी इतनी कम कि जमकर बाहरी एजेंसियों की सेवाएँ लेनी पड़े।

दृश्य समाचारों के लिए दूरदर्शन का न्यूज रील विभाग से नाता न जोड़कर दफ्तरशाही ने एक साथ दो चमत्कार किये। इधर उसने न्यूज रील विभाग में अनुभवी कैमरामैन और सम्पादकों के होते हुए भी पानी की तरह पैसा बहाकर नौसिखियों से 'विजुअल' जुटाये और उधर दूरदर्शन से दृश्य-श्रव्य समाचारों का दैनिक प्रसारण शुरू होने पर न्यूज रील को अप्रासंगिक होते जाने दिया और अन्ततः बन्द कर दिया।

दूरदर्शन के समाचार विभाग ने अपने अलग प्रोड्यूसर भी नियुक्त किये और इनकी नियुक्ति करते हुए इस बात का कोई आग्रह नहीं किया कि इन्हें पत्रकारिता का अनुभव हो। यही नहीं, दूरदर्शन समाचार विभाग के सर्वोच्च पदों पर आकाशवाणी से आये हुए ऐसे अफसर बैठाये जाते रहे, जिनका वहाँ के समाचार प्रभाग से कोई सम्बन्ध नहीं रहा था। आगे चलकर पत्रकारिता का स्पर्श देने के लिए केन्द्रीय सूचना सेवा के अफसर दूरदर्शन में आयात किये जाने लगे और राजनीतिक दबावों से त्रस्त दूरदर्शन समाचार विभाग में भयंकर भीतरी राजनीति भी शुरू हो गयी।

बरसों बीत गये, दिल्ली में प्रयोगात्मक रूप में शुरू किये गये टेलीविजन का जाल सारे देशों में बिछ गया, लेकिन दफ्तरशाही को यह सोचने की फुरसत नहीं मिली कि दूरदर्शन से समाचार-प्रसारण उस तरह क्यों नहीं हो रहा है जिस तरह कि अमेरिका आदि देशों में होता है। और सो भी इसके बावजूद कि तमाम अफसरान तमाम तरह के प्रशिक्षण के नाम पर विदेशों में रह आये हैं। गोया उन्हें पता है कि टेलीविजन से समाचार बुलेटिन पढ़े या सुनाये नहीं जाते हैं बल्कि समाचारों से अवगत कराने वाला 'शो' यानी कार्यक्रम होता है। इस तरह के 'शो' में 'एंकरमैन' कहलाये जाने वाले एक संयोजक की भूमिका प्रमुख होती है। ये संयोजक प्रभावशाली व्यक्तित्व वाले होते हैं और इन्हें समाचारों की अच्छी समझ रहती है। टेलीप्राम्प्टर और हेडफोन के ज़रिये इन्हें जरूरी हिदायतें देते रहने के लिए समाचारों की ओर भी अधिक समझ रखने वाले व्यक्ति प्रोड्यूसर बनकर पेनल पर बैठे रहते हैं। संयोजक बहुत ही प्रीतिकर अन्दाज से दर्शकों से बात करता रहता है, उन्हें यह बताता है कि दुनिया में इस बीच क्या कुछ हुआ है, विशेषज्ञों से समाचारों पर

टिप्पणियाँ करवाता है और अलग-अलग केन्द्रों में तैनात अपने संवाददाताओं की रपट उपयुक्त भूमिका के साथ प्रस्तुत कराता है।

ऐसा लगता है कि किसी एक अफसर या मन्त्री को अपनी किसी विदेश यात्रा के बाद यह इलहाम हो ही गया कि अपने यहाँ टेलीविजन से न्यूज उस तरह नहीं देते, जिस तरह विलायत में देते हैं। मसले पर गौर करने पर यह तय पाया गया कि विलायती स्टाइल से न्यूज़ देने के लिए दूरदर्शन में संवाददाता नहीं हैं। लिहाजा तमाम विवादों के घेरे में बड़े पैमाने पर संवाददाताओं की नियुक्ति कर दी गयी। नियुक्ति करने वालों ने यह नहीं सोचा कि अगर रेडियो के मतलब के समाचार बुलेटिन दूरदर्शन से बदस्तूर पढ़े जाते रहेंगे, तो उनके बीच में ये संवाददाता विलायती ढंग का क्या करिश्मा दिखा पायेंगे? संवाददाता नियुक्त कर देने का तब तक कोई मतलब ही नहीं था जब तक कि समाचार बुलेटिन को समाचार कार्यक्रम का रूप देने का यानी दिहाड़ी पर आने वाले न्यूज़रीडरों की जगह स्थायी संवाददाता नियुक्त कर दिये जायँ तथा दूरदर्शन पर समाचार के नियमित कार्यक्रम प्रस्तुत किये जायँ।

दूरदर्शन में इन संवाददाताओं के लिए वेतनमान ऊँचा रखा लेकिन यू.पी.एल.सी. की सेवाएँ न लेकर खुद ही जो चुनाव किया उसमें उसे ऐसे संवाददाता नहीं मिले, जिन्हें किसी भी अर्थ में ऊँचे पाये का कहा जा सकता हो। न तो इन्हें पत्रकारिता का इतना ज्यादा अनुभव है कि किसी घटना पर ये समाचार एजेंसियों के खुर्राट संवाददाताओं से बेहतर समाचार या उसका विश्लेषण दे सकें और न इन्हें कैमरे का सामना करने का, कैमरे के आगे खड़े होकर विश्वासपूर्वक बोल सकने का उतना अभ्यास है जितना दूरदर्शन के पुराने अनाउंसरों को है। शोभा बढ़ाने की नीयत से नियुक्त किये गये इन संवाददाताओं के आने से विभाग में तनाव बढ़ा और आन्तरिक राजनीति को सम्पादक बनाम संवाददाता वाला नया आयाम प्राप्त हुआ।

इन संवाददाताओं के पक्ष में कुछ कहा जा सकता था तो यह कि वे तरुण और उत्साही थे। अफसोस कि इनसे ऐसा कोई काम नहीं लिया गया, जिससे इनकी कोई छवि बनती, किसी विषय या प्रदेश की विशेषता इन्हें प्राप्त हो सकती और दर्शक को लग सकता कि समाचार प्रसारण में इनका कोई विशिष्ट स्थान है। प्रणव राय की 'एंकरमैनी' में प्रसारित चुनाव विश्लेषण को छोड़ और कहीं इन संवाददाताओं की

उपयोगिता दर्शायी तक नहीं गयी। लम्बा-चौड़ा प्रशिक्षण पाये हुए और लम्बी-चौड़ी तनख्वाहें पाने वाले अपने इन संवाददाताओं से दूरदर्शन दो ही तरह के काम ले रहा है। या तो वह उन्हें किसी से प्राप्त हैंडआउट में दी नयी सूचनाएँ और आँकड़े रटकर उसी संस्थान के आगे जैसे-तैसे कैमरे पर बोल देने को कह रहा है या फिर उन्हीं सूचनाओं और आँकड़ों को उस संस्थान के कामकाज की बहुत ही आये-गये ढंग से ली गयी फुटेज़ पर परदे के पीछे रहकर अधिक विश्वासपूर्वक सुना देने को कह रहा है। दोनों ही हालत में संवाददाता अपनी ओर से कुछ नहीं कह रहे होते हैं, बस दूसरे का बताया हुआ उगल रहे होते हैं। इस तरह इनमें और न्यूज़रीडरों में कोई अन्तर नहीं रह जाता।

संवाददाताओं की अप्रासंगिकता की एक बेढब बानगी हाल में तब देखने को मिली जब दूरदर्शन ने हरियाणा में महर, दड़वाकलाँ और अम्बाला जैसे महत्त्वपूर्ण समाचार स्थलों के रहते अपना संवाददाता हस्तिनापुर भेजना जरूरी समझा। दर्शकों ने इस संवाददाता को हस्तिनापुर से कोई ठोस समाचार देते हुए या वहाँ कोई सर्वेक्षण करते हुए नहीं देखा। केवल हस्तिनापुर के मन्दिरों और गली-कूचों की लचर-सी फुटेज़ पर सैलानी विभाग का हैंडआउट बोलते हुए सुना।

संवाददाताओं को हस्तिनापुर भेजने का कारण कहीं वह तो नहीं कि दूरदर्शन महाभारत सीरियल के जारी रहने को महाभारत के ही जारी रहने का प्रमाण मान बैठा है।

क्या हिन्दी वाले हैसियत वाले नहीं होते?

जब मैं 'साप्ताहिक हिन्दुस्तान' का सम्पादक था—और ये उन नीके दिनों की बात है जब समूचे परिवार की साप्ताहिक पत्रिकानुमा चीजों को भी विज्ञापन मिला करते थे—मुझे विशेषांकों के प्रकाशन के बाद अक्सर पाठकों की यह शिकायत मिला करती थी कि आपने वादा 'अतिरिक्त पृष्ठ, अतिरिक्त सामग्री' का किया था, लेकिन इन अतिरिक्त पृष्ठों में विज्ञापन भरे पड़े थे और आपके विशेषांक में कुल मिलाकर पढ़ने की सामग्री उतनी भी नहीं थी, जितनी कि साधारण अंकों में हुआ करती है। स्वयं एक लेखक होने के नाते मेरे लिए पाठकों से यह कह सकना मुश्किल था कि किसी भी पत्र-पत्रिका के लिए लेखों का उतना महत्त्व नहीं होता जितना कि विज्ञापनों का। लेख खर्च की मद में आते हैं, विज्ञापन आय की।

यह सही है कि पत्र-पत्रिकाएँ ग्राहक से भी अपनी कीमत वसूल करती हैं, लेकिन उनके लिए केवल उसी के बूते सारे खर्चे पूरा कर सकना असम्भव है। यह सही है कि दुनिया में पत्र-पत्रिकाएँ विज्ञापनदाताओं के भरोसे चलती हैं, पाठकों के नहीं। सम्पादकीय और विज्ञापन विभाग के प्रतिनिधियों की जब और जहाँ भी बातचीत होती है, उसका निष्कर्ष यही निकलता है कि अजी सम्पादन से क्या होगा, जब विज्ञापन ही नहीं होंगे। पाठक की आवश्यकताओं के विषय में सम्पादन विभाग की चिन्ता का विज्ञापन विभाग अगर साझेदार बनने को कभी तैयार होता भी है, तो महज इसलिए कि पाठक ज्यादा हों तो अधिक प्रसार संख्या के आधार

पर विज्ञापनदाता से अधिक ऊँची दर पर पैसा वसूल किया जा सकता है।

उधर विज्ञापनदाता कभी भी मात्र इस बात से प्रभावित नहीं होता कि आपके पाठकों की संख्या ज्यादा है। वह यह भी जानना चाहता है कि उन पाठकों की आर्थिक हैसियत क्या है? अगर आपकी पत्रिका के पाठक रईस और रुतबेदार हों और आपकी प्रसार संख्या बहुत थोड़ी हो तो विज्ञापनदाता की दृष्टि से आप उनसे कहीं बेहतर हैं जिनकी पत्रिका की प्रसार संख्या बहुत ज्यादा है, मगर पाठक ज्यादा खुशहाल नहीं हैं। विज्ञापन की दुनिया में यह मानकर चला जाता रहा है कि सारे देश में आमतौर से और हिन्दी प्रदेश में खासतौर से कुछ खर्चने और खरीदने की ओर जनता के नज़रिये पर असर डालने की हैसियत रखने वाले ज्यादातर लोग अंग्रेजी ही पढ़ते-लिखते हैं। इसीलिए अंग्रेजी पत्र-पत्रिकाओं को भारतीय भाषाओं की पत्रिकाओं के मुकाबले में कहीं ज्यादा विज्ञापन प्राप्त होते हैं।

विज्ञापन की दृष्टि से सबसे खस्ता हाल हिन्दी की पत्र-पत्रिकाओं का है इसलिए उनकी प्रसार संख्या बढ़ने पर भी प्रसन्नता की जगह चिन्ता व्यक्त होने की आशंका रहती है। रंगीन पृष्ठ वाली पत्रिकाओं के सन्दर्भ में तो खासतौर से यह झंझट रहती है। सम्पादक से कहा जाता है कि रंगीन पृष्ठों से प्रसार संख्या बढ़ी है तो क्या? रंगीन विज्ञापन न मिलने से इससे घाटा ही घाटा हो रहा है। रंगीन विज्ञापन न मिलने के विषय में अगर विभाग से पूछताछ की जाये तो जवाब यही मिलता है कि जब हिन्दी का पाठक उपभोग की रंगीन दुनिया का बाशिन्दा ही नहीं है, तब हिन्दी पत्रिकाओं में महँगे रंगीन विज्ञापन क्यों छपवाये जाएँ?

विज्ञापन कम मिलने का मतलब है, आमदनी का कम होना और आमदनी के कम होने का मतलब है पठन सामग्री जुटाने के खर्चों में ज्यादा से ज्यादा कटौती करने के आदेश मिलना। ज्यादातर संस्थानों में हिन्दी पत्र-पत्रिकाओं को इसीलिए दूसरे दर्जे की हैसियत प्राप्त है। अंग्रेजी पत्र-पत्रिकाओं के मुकाबले में उनके साधन सीमित हैं और वे अपने लेखकों को अपनी ही संस्था की अंग्रेजी पत्र-पत्रिकाओं के मुकाबले में बहुत कम पारिश्रमिक देती हैं। संस्थाओं में यह कहा जाता है कि हिन्दी पत्र-पत्रिकाओं का खर्च अंग्रेजी पत्र-पत्रिकाओं के मुनाफे की बदौलत चल पा रहा है। देश प्रेम और भाषा प्रेम के चक्कर में हम इन्हें

निकाले जा रहे हैं, वरना इन्हें बन्द कर देने में ही अक्लमन्दी है। अंग्रेजी पत्रिकाओं पर हिन्दी पत्रिकाओं की निर्भरता पूरी तरह उजागर करने के लिए कुछ संस्थानों ने तो अपनी अंग्रेजी पत्रिका लगभग ज्यों की त्यों हिन्दी में अनुवाद कराके निकालने का रास्ता अपनाया है।

लुत्फ यह है कि इस तरह की कुछ पत्रिकाओं को सफलता प्राप्त हुई है। इससे दो चीजें साबित होती हैं। पहली तो यह कि हिन्दी पत्रिका का पाठक कुल मिलाकर उसी बौद्धिक और आर्थिक स्तर वाला है, जिस स्तर वाला अंग्रेजी पत्रिका का पाठक। वह अनूदित पत्रिका इसलिए खरीद रहा है कि अंग्रेजी में वह कमजोर है। स्वयं अंग्रेजी पत्रिकाएँ इस नये-नये रईस हुए हिन्दी पाठक के अस्तित्व से अवगत थीं और इसीलिए 'लाइन मारोइंग' जैसी खिचड़ी भाषा का प्रयोग बड़े पैमाने पर करने लगी थीं। अब उससे भी आगे बढ़कर उन्होंने अपना ग्लैमर सीधे-सीधे हिन्दी, गुजराती वगैरा में परोसना शुरू कर दिया है। अनूदित पत्रिकाओं की सफलता से दूसरी बात यह साबित होती है कि जो पत्रिकाएँ मूल हिन्दी में निकाली जाती थीं, उनके लिए श्रेष्ठ पठन सामग्री जुटाने पर उतना खर्च नहीं किया जा रहा था, जितना कि अंग्रेजी पत्रिकाओं के लिए जुटाने पर।

तो मुझसे अगर कोई मेरे ही उठाये हुए सवाल का जवाब देने का आग्रह करे तो मुझे यही कहना पड़ेगा कि हिन्दी में हैसियत वाला पाठक मौजूद है। वह भी उपभोग की रंगीन दुनिया का निवासी है। लेकिन उसे न विज्ञापन देने वाले ठीक से पहचान पाये हैं और न पत्र-पत्रिका निकालने वाले। इस पाठक में वे तमाम खूबियाँ और खामियाँ हैं, जो खुशहाली की मंजिलें तेज़ी से तय करते नवधनाढ्यों में हुआ करती हैं। इसकी टोपी इंगलिस्तानी है लेकिन खोपड़ी हिन्दुस्तानी है। इसकी रुचि सड़क-छाप है और भाषा अंकलजी मार्का है। न वह सीमित साधनों से और पुराने साहित्यिक तेवरों से निकलने वाली हिन्दी पत्रिकाओं का पाठक हो सकता है और न 'एस्क्वायर' जैसी विदेशी पत्रिकाओं की नकल करने वाली अंग्रेजी पत्रिकाओं का।

प्रधानमन्त्री के साथ सम्पादक भी बदल जाते हैं

भारतीय प्रेस ने पिछले 36 वर्षों में उतना ही किया या नही किया है जितना कि भारत के अन्यान्य अवयवों ने। वह उतना ही आगे बढ़ा या पीछे हटा है जितना कि समूचा समाज। मोटे तौर पर यह कहा जा सकता है कि उसने गणतन्त्रात्मक और लोकतन्त्रात्मक मूल्यों की रक्षा की है। कुछ अपवाद छोड़ दें तो ज्यादातर पत्र-पत्रिकाओं की वही 'रीति-नीति' और 'विचारधारा' रही है जो आजादी की लड़ाई में कांग्रेस ने अपनायी थी। यह दृष्टव्य है कि इधर भारतीय पत्रकारिता क्रांग्रेस की तरह ही सिद्धान्त-विश्वासी से अधिक सिद्धि-विश्वासी होती चली जा रही है।

भारतीय प्रेस की सबसे बड़ी सीमा यह है कि स्वयं उसकी पहुँच बहुत सीमित है। पत्र-पत्रिकाओं का प्रसार बढ़ा जरूर है लेकिन पूरी जनसंख्या के अनुपात में वह अब भी नगण्य है। हिन्दी और अंग्रेजी पत्रकारिता पर तो ये बात खासतौर से लागू होती है। पहुँच कम होने का एक कारण ये भी है कि पत्रकारिता को आमतौर से और भारतीय भाषाओं की पत्रकारिता को खासतौर से ऊँचे हल्कों में विशेष महत्त्व प्राप्त नहीं है। यानी प्रेस किसी का बहुत ज्यादा बना या बिगाड़ नहीं सकता। सत्तारूढ़ व्यक्ति प्रेस में आलोचना होने से थोड़ा चिढ़ भले ही जाए घबराता बिल्कुल नहीं है। जैसे फिल्म-आलोचकों के फतवों से फिल्म के चलने या न चलने पर हमारे यहाँ कोई खास असर नहीं पड़ता। इसी तरह सम्पादकों के फतवों में समाज या राजनीति की चाल में कोई फर्क नहीं आता।

दूसरे विश्वयुद्ध के बाद के दौर में और देशों की तरह भारत में भी उपभोक्ता संस्कृति ने जोर पकड़ा है और हर किस्म की 'सिद्धान्तवादिता' और 'आदर्शवादिता' के आगे प्रश्नचिह्न लगे हैं। तो कोई आश्चर्य नहीं जो हर कहीं प्रेस का मुख्य उद्देश्य अधिक-से-अधिक प्रचार-संख्या और विज्ञापन-आय अर्जित करना हो चला है। यही स्थिति अब भारत में भी है। प्रबन्धक अगर सम्पादक से जवाब-तलब करते हैं तो अधिकतर इन्हीं दो मुद्दों पर। यह वजह है कि सनसनीखेज और चटपटी पत्रकारिता को बढ़ावा मिल रहा है। जो अखबार अच्छे चल निकले हैं उन्हें उठाकर देखते समय अक्सर यह प्रतीति होती है कि विज्ञापनों के सूची-पत्र में खाली जगह में खबरें ठूँस दी गयी हैं।

खुशफहमी

भारतीय पत्रकारिता को बीच-बीच में यह खुशफहमी होती रहती है कि वह विपक्ष की भूमिका निभा सकती है या निभा रही है। सत्तारूढ़ राजनीति इस खुशफहमी को प्रेस के तथाकथित नकारात्मक रवैये की बार-बार आलोचना करते रहकर बढ़ावा देती रहती है। शायद वह चाहती है कि पत्रकारिता दुम दबाऊ और 'हिज मास्टर वाइस'—दोहराऊ हो। इसमें सन्देह नहीं कि पत्र-पत्रिकाओं में अक्सर सरकार की, सत्ता-प्रतिष्ठान की कड़ी आलोचना करने वाले लेख भी छपते रहते हैं। लेकिन ऐसा कहीं नहीं लगता कि समूचा प्रेस या कि उनका कोई बहुत बड़ा हिस्सा समाज को किसी विकल्प की ओर ले जा रहा है। यहाँ यह भी अल्लेखनीय है कि सरकार की आलोचना करने वाले लेखों का बहुधा किसी व्यक्ति विशेष की ही आलोचना करने का उद्देश्य रहता है। गोया मुख्यमन्त्री जी या प्रधानमन्त्री जी तो भले हैं मगर उनके अमुक सहायक या सलाहकार खराब हैं। उन्हें हटा दिया जाए तो सब सुधर जाएगा।

कभी-कभी यह भी देखने में आया है कि प्रेस ने 'सभी चोर हैं' मार्का आलोचनाएँ भी छापी हैं। इसे विपक्ष की भूमिका निभाना नहीं, सर्वसंशयवादी दृष्टि फैलाना कहते हैं।

खोजी पत्रकारिता स्वागत योग्य है। वह समाज के लिए बहुत उपयोगी सिद्ध हो सकती है। लेकिन बहुधा खोजी पत्रकार वास्तव में स्वयं कोई खोज नहीं करते। उल्टे उन्हें किसी असन्तुष्ट या ईर्ष्यालु व्यक्ति खोज करके सामग्री देता है। यह व्यक्ति सत्ताधारी के प्रति अपनी भड़ास, सफल व्यक्ति के प्रति अपनी जलन खोजी पत्रकार के सामने

निकालता है। वह उसे अन्दरूनी भेद और दस्तावेज लाकर देता है। इस सनसनीखेज मसाले को पत्र-पत्रिकाएँ चीखती सुर्खियों के साथ छापकर अपनी प्रचार संख्या बढ़ाने का जुगाड़ करती हैं। दाँव उल्टा पड़ने पर या बहुत ज्यादा विरोध होने पर किसी कोने में अनमने ढंग से स्पष्टीकरण छाप दिया जाता है। कुछ पत्रिकाएँ और कुछ पत्रकार तो एक माने में पर्दाफाश करने को अपना धन्धा ही बनाये हुए हैं और सत्तारूढ़ वर्ग के आपस में लड़ते हुए व्यक्ति बराबर उनके सम्पर्क में रहते हैं। जैसे सफल और सत्ताधारी व्यक्ति की बिरुदावली कहीं पाँच सितारा माहौल में बाकायदा सामने बैठकर लिखवायी जा सकती है वैसे ही कटुतम आलोचना भी। इस दुर्भाग्यपूर्ण प्रवृत्ति के कारण खोजी पत्रकारिता का अवमूल्यन हुआ है।

हिन्दी पत्रकारिता अंग्रेजी पत्रकारिता की पिछलग्गू है—ऐसा मान सकना मेरे लिए कठिन है। बल्कि सच तो ये है कि अंग्रेजी और हिन्दी के अखबार पढ़ने पर आजादी के इतने वर्ष बाद भी यही लगता है कि अंग्रेजी और हिन्दी के पत्रकार दो अलग-अलग दुनियाओं के वाशिन्दे हैं। तेवर और कलेवर दोनों में ही अंग्रेजी और हिन्दी पत्रकारिताएँ सर्वथा भिन्न हैं। अंग्रेजी पत्रकारिता विलायती हिन्दुस्थानियों के लिए है और हिन्दी पत्रकारिता देशी लोगों के लिए। एक का पाठक साहब है तो दूसरे का बाबू। अंग्रेजी पत्रकारिता अक्सर हमारे धर्म, रीति-रिवाज, संस्कृति, साहित्य वगैरह के बारे में इस तरह लिखती है मानो ये उसके लिए और उसके पाठकों के लिए अजनबी-सी चीजें हों। उधर हिन्दी पत्रकारिता बहुत-से आधुनिक ज्ञान-विज्ञान को अपने पाठकों की समझ से परे मानती चलती है।

एक सीमित अर्थ में हिन्दी की पत्रकारिता को अंग्रेजी पत्रकारिता का पिछलग्गू जरूर माना जा सकता है कि सूचना और समाचार के स्रोत बहुधा अंग्रेजी में होने के कारण हिन्दी पत्रकारिता को अनुवाद पर निर्भर करना पड़ता है। आधुनिक ज्ञान-विज्ञान का उत्स पश्चिम में होने के कारण हिन्दी पत्रकारिता को सूचना और प्रेरणा के लिए अंग्रेजी में उपलब्ध पाश्चात्य सामग्री का सहारा लेना पड़ता है। मगर इस माने में तो भारत की अंग्रेजी पत्रकारिता स्वयं पश्चिम की पिछलग्गू है। जो लोग पश्चिमी पत्र-पत्रिकाएँ पढ़ते हैं उनसे छिपा हुआ नहीं है कि हमारी यशस्वी अंग्रेजी पत्रकारिता कितनी बेशर्मी से उनकी नकल करती है और

उनके ‘आइडिया’ उड़ाती है।

मालिक का उद्योग

पत्रकारों और पत्र मालिकों के आपसी सम्बन्ध अक्सर खराब होते हैं। इसका मुख्य कारण यह है कि ज्यादातर प्रेस मालिक अन्य उद्योगों में लगे हुए हैं। वो पत्र-पत्रिकाओं का उपयोग सत्ताधारियों और उनकी नीतियों को अपने और अपने औद्योगिक हितों के अनुकूल बनाने के लिए करना चाहते हैं। वे भले ही सम्पादकों को ये आदेश न देते हों कि सत्ताधारियों की चाटुकारिता करो लेकिन सत्ताधारियों की ओर से किसी भी प्रकार की शिकायत आने पर उन्हें बेहद रूहानी परेशानी हो जाती है और वे और उनके प्रबन्धक, सम्पादक की ओर हैरानी से देखते हैं कि ये आपने क्या किया। प्रेस मालिकों से पत्रकारों की शिकायतें और सिफारिशें करने में कोई भी सत्ताधारी दल पीछे नहीं रहता। हालत ये आ गयी है कि कुछ संस्थानों में प्रधानमन्त्रियों के साथ-साथ सम्पादकों का भी बदला जाना अब सुनिश्चित-सा हो गया है।

केवल चाटुकारिता करने से पत्र-पत्रिकाओं की विश्वसनीयता घटती है और उसके साथ उनका प्रचार और प्रभाव भी। तब पत्र-मालिक यह अपेक्षा करते हैं कि अपना उनका जैसा प्रभाव क्यों नहीं है। गोया सम्पादक से चाटुकारिता और निष्पक्षता दोनों की अपेक्षा की जाती है।

भारत की दीनता : बी.बी.सी. चीन्हता

पिछले बीस-पच्चीस वर्षों में दुनिया जितनी बदली है उतनी शायद पिछले तमाम इतिहास में नहीं बदली होगी। इसीलिए पश्चिम के कुछ चिन्तक 'भविष्याघात' की चर्चा चला रहे हैं और कह रहे हैं कि ताबड़तोड़ परिवर्तन के कारण 'भविष्य' इतनी जल्दी 'वर्तमान' हुआ जा रहा है कि मनुष्य जाति को आघात पहुँच रहा है और इस आघात के कारण वह लगभग बौरा उठी है। यह सब विज्ञान और प्रौद्योगिकी का चमत्कार है। एक ऐसा चमत्कार जिसे देखकर सिर चकराता है और जो खुद भी खासा सिर-फिरा नजर आता है।

अद्‌भुत प्रगति के इस दौर ने समृद्ध देशों को इतना समृद्ध बना दिया है कि समृद्धि स्वयं अनेक समस्याओं की जननी बन बैठी है—मसलन अमेरिका को उपभोग के बाद बचा कूड़ा-कबाड़ फिंकवाने पर ही प्रतिवर्ष 22 अरब रुपया खर्च करना पड़ता है। दूसरी ओर गरीब देश उनकी तुलना में वर्ष-प्रतिवर्ष अधिकाधिक गरीब ठहर रहे हैं। अतृप्त आकांक्षाएँ उन्हें भग्नाशा और भ्रष्टाचार का अराजक और विस्फोटक वातावरण प्रदान कर रही हैं। आज भी भारत जैसे देशों के मुकाबले में अमेरिका जैसे देश प्रति व्यक्ति आय की दृष्टि से लगभग पच्चीस-तीस गुने अधिक समृद्ध हैं और ज्यों-ज्यों हम इक्कीसवीं सदी की ओर बढ़ेंगे यह अन्तर भी तेजी से बढ़ता जाएगा। आज भी यूरोप और उत्तरी अमेरिका में बसी हुई संसार की 20 प्रतिशत आबादी संसार की 80 प्रतिशत समृद्धि का उत्पादन और उपभोग कर रही है। जिस रफ्तार से गरीब देशों में आबादी

और अमीर देशों में खुशहाली बढ़ रही है उसे देखते हुए कहा जा सकता है कि कल यह विषमता और भी तीव्र हो उठेगी।

अगर संसार के सम्पन्न देश अपने अपार संसाधनों का उपयोग अन्तरिक्ष अभियान, अस्त्र-संग्रह और ऐश्वर्य भोग में न करके विपन्न देशों की सहायता में करें तो यह विषमता दूर हो सकती है। लेकिन दुनिया कितनी ही क्यों न बदल गयी हो, दुनियादारी के तकाजे वही पुराने हैं और दुनियादारी अपना माल धर्मार्थ लुटा देने का निषेध करती है। अगर गरीबी के कारण राजनीतिक दृष्टि से कोई खतरा पैदा होता हो तो थोड़ी-बहुत सहायता जरूर की जा सकती है क्योंकि तब धर्मार्थ और स्वार्थ घुल-मिल जाते हैं। अन्तरराष्ट्रीय विषमता राजनीतिक-चिन्ता को जन्म दे सकती है, नैतिक कष्ट को नहीं। उन्नत औद्योगिक देशों को और भी कई राजनीतिक चिन्ताएँ हैं—परमाणु युद्ध के खतरे की चिन्ता, अस्त्र-संग्रह-प्रतियोगिता की चिन्ता, सभी पुराने पारिवारिक प्रशासनिक नैतिक और राजनीतिक संगठनों के निरर्थक और निष्प्रभाव हो जाने से उत्पन्न अराजकता की चिन्ता, औद्योगिक समृद्धि के धुएँ और कचरे से विषाक्त परिवेश के दुष्परिणामों की चिन्ता। अभी तक उन्होंने इन चिन्ताओं को दूर करने के लिए ही कोई योजनाबद्ध गम्भीर प्रयास आरम्भ नहीं किया है।

यों इन देशों के कई विचारक यह चेतावनी दे चुके हैं कि वैज्ञानिक प्रगति से उत्पन्न इन समस्याओं का अगर शीघ्र वैज्ञानकि ढंग से समाधान नहीं किया गया तो इक्कीसवीं सदी की अद्‌भुत परिकल्पनाओं में खोया हुआ प्रगतिशील संसार इक्कीसवीं सदी शुरू होने से पहले ही अपने को खुद मिटा चुका होगा। इन विचारकों का आग्रह है कि प्रगति ने हमारे सामने जो प्रश्न प्रस्तुत किये हैं उन्हें हल करने के लिए विभिन्न क्षेत्रों की श्रेष्ठ प्रतिभाओं का कुछ उसी पैमाने पर और कुछ उसी आतुरता से उपयोग किया जाए जैसा कि परमाणु बम के निर्माण या अन्तरिक्ष विजय के लिए किया गया था। लेकिन फिलहाल विनाश की आशंका और उसके तुरन्त निराकरण के आग्रह दोनों की ओर सम्पन्न संसार खास ध्यान दे नहीं रहा है। उसके लिए आशंका अमूर्त्त है। परमाणु-युद्ध में पहले वार में कितने करोड़ मरेंगे और जवाबी वार करने वाला कितने करोड़ को मौत के घाट उतार देगा—यह सब सोचना-विचारना फिलहाल उसे बौद्धिक विलास का नमूना मालूम होता है। विपन्न देशों

की समस्या उसकी राजनीतिक चिन्ताओं की सूची में सबसे नीची है। इसलिए 1980 के आस-पास एशिया, अफ्रीका और दक्षिण अमेरिका में भयंकर अकाल पड़ने और कम से कम दस करोड़ लोगों के भूखों मर जाने की बात तो वह और भी अधिक आये-गये अन्दाज से कह और सुन पाता है।

हमारे मन में भी विषमता और आशंका के ये आँकड़े कोई हलचल पैदा नहीं करते। अमेरिका और भारत की प्रति व्यक्ति औसत वार्षिक आय में पूरे बीस हजार रुपये का अन्तर है, यह तथ्य हमें अपनी गरीबी दूर करने की चुनौती देता हुआ नहीं जान पड़ता, हद से हद वह प्रवासी बन सकने का प्रलोभन पैदा करता है। ऐसा प्रतीत होता है कि हमने अपनी दीनता ही नहीं, हीनता भी जन-जीवन के एक स्थायी तत्व के रूप में स्वीकार कर ली है। गरीबी की उस गरिमा से हम अपरिचित हो चले हैं जिसे स्वावलम्बन की सीढ़ी बनाया जा सकता है, साधनहीन का वह स्वाभिमान हम खो चुके हैं जो उत्थान का संकल्प करवाता है। बस बीच-बीच में उन विदेशियों द्वारा जिनका आर्थिक, सांस्कृतिक और कूटनीतिक नेतृत्व हम प्रत्यक्ष या परोक्ष रूप से सहर्ष स्वीकार करते हैं, हमारी दीन-हीन अवस्था का चित्रण कर दिये जाने पर हमारे नेता छाती कूटने का अभिनय करते हैं। विख्यात फ्रांसीसी दिग्दर्शक लुई माल का भारत में इस जोर-शोर से स्वागत करते हैं। जब भारत के दैन्य को पश्चिमी आँखों से देखते हुए वह कुछ वृत्त-चित्र बनाता है और वे फ्रांस में दिखाये जा चुकने के बाद बी.बी.सी. द्वारा अंग्रेजी संस्करण में प्रस्तुत किये जाते हैं तब हमें आध्यात्मिक कष्ट होता है। फ्रांसीसी में आप चाहे जो कह लें लेकिन अंग्रेजी तो हमारी राष्ट्रभाषा है, फ्रांसीसी टेलीविजन चाहे जो दिखा ले लेकिन बी.बी.सी. तो हमारी आकाशवाणी का क्षितिज है। इसी तरह विलायत के अखबार में केरल से गरीब मसीही लड़कियों के यूरोपीय मठों के लिए खरीदे जाने की खबर पढ़कर हम अपने को अपमानित अनुभव करते हैं। क्या हमें खुद इस तथ्य का पता नहीं था? क्या हम यह नहीं जानते कि रोज कितने ही भारतीय डाक्टर, इंजीनियर, वैज्ञानिक, विद्वान, ड्राइवर, मिस्त्री, कंडक्टर आदि विदेशों में सेवा करने के लिए खरीदे जा रहे हैं। क्या हमें यह नहीं पता है कि भारत के कुछ इलाके इतने गरीब हैं कि वहाँ से औरतें वेश्यावृत्ति के लिए भारत के बड़े

शहरों में लायी जाती हैं? इन तथ्यों से हमें कष्ट क्यों नहीं पहुँचता? हमें तो बस विलायत में बदनामी हो जाने का दुख होता है। विलायत की प्रशंसा-निन्दा ही हमारे लिए महत्त्वपूर्ण है। हम अपने वर्तमान से साक्षात्कार के लिए, अपने भविष्य के आघात का स्वयं मुकाबला करने की तैयारी के लिए प्रस्तुत नहीं होना चाहते। इक्कीसवीं सदी की सूरत कुछ-कुछ नज़र आने लगी है लेकिन हमें इस बात की कोई चिन्ता नहीं कि उसे हम क्या सूरत दिखायेंगे।

क्या मीडिया मुसलमानों की गलत तस्वीर पेश कर रहा है?

प्रचार-प्रचार के आधुनिक माध्यमों उर्फ मीडिया की एक अजीब-सी आदत यह है कि पहले वह कुछ करता है और फिर अपने किये पर ही स्वयं सिर धुनता है। दूसरे शब्दों में यह कि पहले किसी घटना को समाचार बनाता है और फिर उस घटना पर अपनी प्रतिक्रिया को। यह अजीब-सी आदत इस विडम्बनापूर्ण स्थिति से उपजी है कि ज्यादातर मीडियाकर्मी एक साथ दो कर्तव्य निभाना चाहते हैं। एक मालिक के लिए पैसा कमाने का और दूसरा अपनी और मीडिया की आधुनिक, उदार और वामपन्थी छवि बनाये रखने का। पहले कर्तव्य के अन्तर्गत उनके लिए जरूरी हो जाता है कि बताने-दिखाने के मामले में ऐसा कुछ भी न छोड़ें जिसे बता-दिखाकर प्रतिद्वन्द्वी बाजी मार ले जा सकते हों। इस सिलसिले में उनकी प्राथमिकता यह रहती है कि मजमा जुटे। और मजमा सनसनी की डुगडुगी पीटते रहने से ही जुटता है।

दूसरे कर्तव्य के अन्तर्गत आवश्यक हो जाता है कि सस्ता और सनसनीखेज परोस देने के पाप के लिए प्रायश्चित्त किया जाय। इस सवाल को उठाने में पहल की जाय कि क्या मीडिया इस मामले में भयंकर भूल नहीं करता रहा है? जैसे यह कि पहले सेक्स और हिंसा-प्रधान कार्यक्रम दिखाते जाइए फिर कुछ विशेषज्ञों को बुलवाकर उनसे कहलवाइए कि सेक्स और हिंसा-प्रधान कार्यक्रमों का बच्चों पर बहुत बुरा असर पड़

रहा है। इस तरह प्रायश्चित्त कर लेने के बाद फिर वेसे ही कार्यक्रम दिखाते चले जाइए। खैर तो इसी के चलते आज बाहर ही नहीं, हमारे देश में भी मीडिया यह रोना रो रहा है कि आतंकवाद के सन्दर्भ में मुसलमानों की गलत तस्वीर पेश करने की भयंकर भूल हो गयी है। अब यह न पूछिए कि सारे मामले की नज़ाकत को समझते हुए उसने यह भूल की ही क्यों? यह भी कि भूल-सुधार के अन्तर्गत अब वह जो तस्वीर पेश कर रहा है क्या उससे मुस्लिम या गैर-मुस्लिम कट्टरपन्थियों के मन पर कोई बेहतर प्रभाव पड़ सकता है।

मीडिया द्वारा मुसलमानों की गलत तस्वीर पेश किये जाने के सन्दर्भ में सबसे बड़ा आरोप यह लगाया गया है कि वह उन्हीं लोगों को सामने ला रहा है जो ओसामा बिन लादेन को जिहादी हीरो मानते हैं। ये मुट्ठीभर कट्टर-पन्थी लोग न इस्लाम का अर्थ समझते हैं और न जिहाद का। इस दृष्टि से आधुनिक, उदार और वामपन्थी होने के नाते मुझे भी आत्मालोचना करते हुए अपना पाप स्वीकार करना होगा कि 11 सितम्बर के बाद लिखे गये अपने पहले ही लेख में मैंने पाठकों को सूचित किया कि मेरा मुसलमान नाई ओसामा का गद्‌गद् गुणगान कर रहा है। ऐसा करते हुए वह मेरी निगाह में कट्टरपन्थी नहीं, साधारण मुसलमान ही ठहरा। साधारण व्यक्ति से किसी असाधारण प्रतिक्रिया की उम्मीद नहीं की जा सकती। अगर मेरे नाई से लेकर जामा मस्जिद के शाही इमाम तक कोई साधारण मुसलमान यह कहता कि ओसामा बिन लादेन नायक नहीं, खलनायक है और उसके-जैसे लोग मुस्लिम बिरादरी को वापस मध्य-युग की ओर धकेल रहे हैं वह एक असाधारण इसलिए सनसनीखेज प्रक्रिया होती।

प्रसंगवश हमारा मीडिया अब अपनी छाती पीटते हुए यह भी कह रहा है कि शाही इमाम को साधारण मुसलमानों का प्रवक्ता और प्रतिनिधि मानकर हमने भयंकर भूल कर दी। दिलचस्प सवाल यह है कि अगर शाही इमाम की ऐसी कोई हैसियत नहीं है तो हमारे नेतागण धर्मनिरपेक्षता और मुस्लिम संरक्षण का प्रमाण-पत्र लेने के लिए उनकी शरण में क्यों जाते रहे हैं। मैंने कहा कि किसी भी साधारण मुसलमान की यह प्रतिक्रिया होगी कि ओसामा बिन लादेन हीरो है। नये जमाने और नये इंसान की बातें करने वाले चाहे जो कुछ कहते रहें, आज भी दुनिया के लोग अपने को अपनी परम्परागत पहचान से काट नहीं पा रहे

हैं। शायद काट सकते भी नहीं हैं। कम्बोडिया में अंकोरवाट का भव्य मन्दिर देखते हुए मेरे मन में एक भाव हिन्दू होने के नाते गर्व का भी आया।

तो अगर मेरा नाई मुसलमान होने के नाते अपनी एक अलग पहचान समझता है और इस नाते अपने को दुनिया के अन्य मुसलमानों से जोड़कर देखता है और साथ ही यह भी मानता है कि पश्चिम ने आमतौर से और अमेरिका ने खासतौर के मुसलमानों के प्रति अन्याय किया है तो उसके लिए अमेरिका पर अमेरिका में ही सफलतापूर्वक जबरदस्त हमला करा देने वाला ओसामा महान हीरो के सिवा और कुछ हो ही नहीं सकता। अब जरा इस विडम्बना पर गौर कीजिए कि मुसलमान के अलग आग्रह को सही ठहराने और अमेरिका को मुसलमानों पर अत्याचार करने वाला खलनायक ठहराने में अपने को वामपन्थी समझने वाले लोग भी कुछ कम पीछे नहीं रहे हैं। एक ओर वह आग्रहपूर्वक कहते हैं कि अन्तरराष्ट्रीय इस्लाम-जैसी कोई चीज नहीं है लेकिन दूसरी ओर वह मुस्लिम देशों पर पश्चिम के अत्याचार की बात करते हैं। यह नहीं, उन्हें 'राष्ट्रीय' मुख्यधारा-जैसे फिकरे खतरनाक लगते हैं और मुसलमानों पर भी सामान्य सिविल कानून लागू करवा देने के मामले में वह बहुत ज्यादा उत्साही नहीं दिखाई देते।

आलोचकों की एक और आपत्ति यह है कि जो कुछ भी हुआ उसे मुस्लिम आतंकवाद की संज्ञा क्यों दी जा रही है? जब अन्य धर्मों के लोग आतंकवाद करते हैं तब उनके धर्म को तो आतंकवाद से जोड़ा नहीं जाता? अव्वल तो हर जगह मीडिया ने इस आतंकवाद को इस्लाम से जोड़ने की नहीं, न जोड़ने की ही कोशिश की है। दोयम यह कि जब यह आतंकवादी हर कहीं इस्लाम के नाम पर ही लड़ रहे हैं तब अपनी-अपनी अवधारणा के अनुसार कुछ लोग मुजाहिदीन तो कुछ मुस्लिम आतंकवादी कह ही सकते हैं। प्रसंगवश इस सिलसिले में यह आपत्ति भी उठायी जा रही है कि क्यों ऐसे लोगों को मुसलमानों का नुमाइन्दा मान लिया जा रहा है जो जिहाद का सही मतलब भी नहीं जानते। जिहाद का सही अर्थ तो अपने भीतर के शत्रुओं से लड़ना यानी आत्मशुद्धि करना होता है।

सवाल यह है कि आधुनिक, धर्मनिरपेक्ष और वामपन्थी किस्म के प्राणी इस तरह की आध्यात्मिक चर्चा और धार्मिक शास्त्रार्थ में उलझे ही क्यों? इस तथ्य को क्यों नज़रअन्दाज करें कि जिहाद की उस नथी

राजनीतिक-सामाजिक व्याख्या को भी आज व्यापक समर्थन प्राप्त है जिसके अनुसार लड़ाई बाहरी शत्रुओं खासकर पश्चिम से लड़ी जानी है। अगर ऐसा न होता तो ब्रिटेन में बसे आधुनिक और उच्चवर्गीय मुस्लिम युवक तक सब कुछ छोड़-छाड़कर ओसामा बिन लादेन के चेले बनने नहीं चले जाते। इस सिलसिले में पश्चिम के अन्याय और अत्याचार से पीड़ित मुसलमानों के भीतर ही भीतर धधकते रहे क्रोध की बात की जाती है। इसमें सन्देह नहीं कि इस तरह का अन्याय और अत्याचार हुआ है लेकिन अत्याचार और अन्याय के शिकार तो तीसरी दुनिया के और तमाम देश भी हैं। अगर अत्याचार का जवाब आतंक से ही दिया जा सकेगा तो कहीं कोई स्वस्थ विकल्प बचेगा ही नहीं।

यहाँ यह भी द्रष्टव्य है कि अगर वामपन्थी किस्म के लोग 'मुस्लिम देशों के प्रति पूँजीवादी पश्चिम के अत्याचार' की बात करते हैं तो कट्टरपन्थी बिरादरी उसी बात को इस्लाम के प्रति ईसाई पश्चिम के अत्याचार के रूप में प्रस्तुत कर ही सकती है। यह भी द्रष्टव्य है कि इन देशों की तमाम परेशानियों के लिए पश्चिम ही जिम्मेदार नहीं है। उनकी अपनी भी कुछ जिम्मेदारी इस अर्थ में तो है ही कि वे आधुनिकता में भागीदारी करने के लिए उत्साह से आगे नहीं बढ़े हैं और अगर कहीं बढ़े भी हैं तो कट्टरपन्थी बिरादरी उन्हें वापस मध्ययुग की ओर खींच ले जाने में जुट गयी है। यह एक दुखद सत्य है कि 'विचारधारा की समाप्ति' के दौर में हर कहीं कट्टरपन्थी धार्मिकता का उदय हुआ है। कोई भी धर्म उसकी चपेट से बचा नहीं है। बीसवीं सदी के अन्तिम दशकों में एक ऐसा संसार निर्मित हुआ है जिसमें 'मेक्वर्ल्ड' का मुकाबला 'जिहाद' से हो रहा है।

मेक्वर्ल्ड अर्थात् बहुराष्ट्रीय कम्पनियों का वह विश्वव्यापी अभियान जो सभी देशों को एक ही सांस्कृतिक साँचे में ढाल देने पर उतारू है और जिहाद अर्थात् आधुनिकता का ही विरोध करने वाली कट्टरपन्थी मध्ययुगीन मनोवृत्ति। मुस्लिम जगत् में इस मनोवृत्ति के सबसे तेजी से पनपने के अनेक आर्थिक-राजनीतिक कारणों में से एक यह भी है कि ईरान में इस्लाम के नाम पर क्रान्ति हो जाने के वाद स्वयं मेक्वर्ल्ड के सरदार अमेरिका ने क्रान्तिकारी मनोवृत्ति के विरोध में इस्लाम को अस्त्र बनाने का फैसला किया। शिया इरान की टक्कर में उसने सुन्नी सऊदी अरब को पेट्रोलियम से मिले अपने डालरों के प्रताप से मुस्लिम जगत् की

कमान सँभालने के लिए प्रेरित किया और मुस्लिम मध्य-एशिया के बाद अब अफगानिस्तान पर भी कब्जा कर बैठी सोवियत शक्ति के विरुद्ध जिहाद का बिगुल बजवाया।

अमेरिकी खुफिया संगठनों के डालरों और सऊदी अरब वगैरह के पैट्रो-डॉलरों से सभी देशों के मुसलमानों में सहसा धर्मानुराग और धर्मोन्माद का विस्फोट-सा हुआ। उन्हें अपनी स्थानिक और प्रादेशिक पहचान छोड़कर मध्य पूर्व में केन्द्रित एक 'सार्वभौम' मुस्लिम पहचान अपना लेने के लिए प्रेरित किया गया। दूसरे शब्दों में यह कि मैक्वर्ल्ड ने ही जिहाद भी पैदा कर दिया, आश्चर्य कि मैक्वर्ल्ड के विरोधी इस बात को भी स्वीकार करने के लिए तैयार नहीं हैं कि विचारधारा की समाप्ति की खातिर मैक्वर्ल्ड ने ऐसा माहौल पैदा किया जिससे सभी धर्मों में साम्यवाद-विरोधी कट्टरपन्थ पनपा और उसके अभियान का सबसे ज्यादा असर मुस्लिम समुदाय पर पड़ा।

ऐसा समझा जाता है कि इस तरह की कोई भी बात करना अपनी धर्मनिरपेक्षता को आँच पहुँचाना है। उदाहरण के लिए अगर आप भारत में रहते हैं इस ओर ध्यान दिलायेंगे कि पश्चिमी देशों में पैदा हुई और पली कई स्त्रियाँ तक अपनी अलग पहचान बनाने के लिए बुरका पहनने लगी हैं तो इस बात का खतरा पैदा हो जाएगा कि आप विश्व हिन्दू परिषद के समर्थक बन गये हैं। आपको तो यही कहना शोभा देगा कि कुरान शरीफ में बुरका पहनने की बात कहीं कही ही नहीं गयी है। पिछले दिनों बी.बी.सी. के कार्यक्रमों में हाल की घटनाओं पर अमेरिका और पाकिस्तान में बैठे हुए लोगों को अपने-अपने विचार व्यक्त करने का अवसर दिया गया। इसमें इस्लामाबाद से जो युवती अमेरिकी उच्चारण में बढ़िया अंग्रेजी बोलते हुए अमेरिका पर सबसे ज्यादा प्रहार कर रही थी वह बाकायदा बुरका पहने हुए थी। पाकिस्तानियों में से किसी ने भी कट्टरपन्थ की निन्दा नहीं की और सभी यह पूछते रहे कि ओसामा के खिलाफ सबूत क्या है और कुछ यह संकेत भी देते रहे कि अमेरिका पर आतंकवादी आक्रमण यहूदियों ने करवाया। ये सभी पाकिस्तानी पढ़े-लिखे और आधुनिक थे। अमेरिका से बोलने वाले लोगों में हमारे कांग्रेसी नेता रफीक जकरिया के बेटे फरीद को जो चोटी के अमेरिकी पत्रकार हैं, ज्यादा-से-ज्यादा कैमरे पर आने का अवसर दिया गया क्योंकि वही यह कहने को तैयार थे कि अमेरिका ने निश्चय ही कुछ गलतियाँ की हैं

लेकिन मुस्लिम जगत् की सारी आधुनिकता को अस्वीकार करके मध्ययुग की ओर लौटना तो उससे भी बड़ी गलती है।

मैंने कहा कि मैक्वर्ल्ड बनाम जिहाद की स्थिति बनी हुई है। ऐसे में मीडिया द्वारा जिहाद के समर्थकों के प्रस्तुत किये जाने से जो भ्रान्ति पैदा होती है वह मैक्वर्ल्ड के उन वामपन्थी विरोधियों के प्रस्तुत किये जाने से भी पैदा हो सकती है जो अमेरिका-विरोध में इतने आक्रामक हो जाते हैं कि जिहाद की बात दब ही जाती है। वामपन्थ का जितना बड़ा दुश्मन अमेरिकी पूँजीवाद है उतना ही बड़ा दुश्मन धार्मिक कट्टरपन्थ भी है। ईरानी क्रान्ति में वहाँ के कम्युनिस्टों का बहुत बड़ा हाथ था लेकिन बाद में कट्टरपन्थियों ने उन्हें कुचल ही दिया। सारी दुनिया एक बहुत खतरनाक दौर से गुजर रही है और इस समय भारतीय उपमहाद्वीप के लिए आमतौर से और भारत के लिए खासतौर से बहुत बड़ा खतरा है। ऐसे में जरूरी है कि बहुत ही सन्तुलित दृष्टि अपनायी जाय और ऐसा कुछ किया या कहा न जाय जिससे विभिन्न धर्मों के कट्टरपन्थ एक-दूसरे को कोसते हुए तेजी से पनपने लगें।

अखबारनवीसी और कविताई

अखबारनवीसी और कविताई में ढूँढ़ने पर भी शायद ही कोई साम्य मिले, अलावा इसके कि कलमघिसाई दोनों में करनी पड़ती है। यों शायद यह साम्य भी हमारे कई कवियों द्वारा खासा आपत्तिजनक ठहराया जाए और वे जोर देकर यह कहें कि कविताई में कलमघिसाई भी एक अलग-अनूठे कोण से की जाती है। पाठकों को याद होगा कि पत्रकार श्री रघुवीर सहाय के नये संग्रह 'आत्महत्या के विरुद्ध' में पत्रकारिता की गन्ध सूँघकर कई कवि-आलोचक काफी से ज्यादा एलर्जी के शिकार हो गये थे। मौजूदा हस्तियों, हरकतों और हालात का ज्यों-का-त्यों नाम ले-लेकर वर्णन करना रघुवीर जी को विशेष-संवादाइटिस हो जाने का लक्षण माना गया था। यानी जो बाहरी हकीकत का हवाला दे वह अखबारनवीस और जो भीतरी हैरत का हवाला दे वह शायर।

इस विभाजन पर नाक-भौं सिकोड़ने की कोई खासा गुंजाइश उनके लिए नहीं हो सकती जो माध्यम के मसीहा के—हमारा मतलब श्री सी. बी. राव से नहीं, मार्शल मैक्लुहान से है—मुरीद हैं। मैक्लुहान साहब ऐलान कर चुके हैं कि सम्प्रेषण का हर माध्यम शुरू में 'उपयोगी' होता है, आगे चलकर जब उससे ज्यादा सुविधाजनक कोई माध्यम निकल आता है तो वह 'उपयोग' की बिरादरी से हटकर 'अनुपयोगी-कला' की जमात में जा बैठता है। कविता, उनके अनुसार, कभी रोजमर्रा के काम की चीज थी। उसमें सूचनाओं को सम्प्रेषण के लिए ऐसा लय-तालबद्ध रूप दिया जा सकता था जो आसानी से याद किया-कराया जा सके।

बाद में ज्ञान के प्रसारण और संरक्षण के अन्य उपाय विकसित हुए और कविता 'कला' की श्रेणी में चली गयी। यानी पहला कवि, मैक्लुहान के अनुसार 'वियोगी' नहीं कोई मुदर्रिसी का मुरीद 'योगी' रहा होगा और गान किसी कलात्मक 'आह-ओह-उरु-उई' से नहीं ठस-ठोस 'ज्ञान' से उपजा होगा। और अगर आप वियोगी को ही पहला कवि मानने पर आमादा हों, उससे पहले के कवि आपको कवि नहीं घसखुदे नजर आ रहे हों, तो यही कहना होगा कि इस पहले कवि को कविता की उपयोगिता का वियोग ही आह से गान उपजाने के लिए बाध्य कर रहा था। तब लिखित गद्य पद्य पर हावी होने लगा था। किस्सागो कवियों की छुट्टी कराने लगे थे। और आज जब अखबारनवीसी किस्सागो तक की छुट्टी करा चुकी है, कथा कलात्मकता में शरण लेने के लिए बाध्य हो चुकी है, तब कविताई का अखबारनवीसी के गलबहियाँ डालना नितान्त अशोभन ही कहा जाएगा।

जब कविता 'उपयोगी' थी तब उसमें निश्चय ही ज्ञान-विज्ञान और नीति-राजनीति की बातें कही जा सकती थीं, बल्कि यों कहिए कि अगर वे कहीं कही जा सकती थीं तो बस कविता में ही। आज उन्हें कहने के लिए तमाम अखबार पड़े हैं, ज्ञान-विज्ञान की पुस्तक-मालाओं के तमाम नये पुष्प विस्फुटित होने को आतुर खड़े हैं। फिर भला कविता को यह कष्ट क्यों दिया जाए? कला को कामकाजी बन जाने की तोहमत क्यों उठानी पड़े? मगर यार लोग मानते ही नहीं। नयी तो नयी उनका तो अपनी पुरानी कविताओं तक के बारे में खयाल है कि 'अब काम हमारे आती हैं ये अपनी पिछली कविताएँ?' उन्हें इस बात का भी अफसोस है कि कभी वे इन कविताओं को कला-वला की चीज मानते थे। निश्चय ही यह पश्चात्ताप आधुनिकता-विरोधी और सौन्दर्यशास्त्र की दृष्टि से प्रतिगामी है। यों अगर 'काम' से यहाँ मुराद यह हो कि इंटरव्यू में दिखाने के काम आ जाती है, तो हमें कोई एतराज नहीं। बल्कि हम तो यह तक मानने के लिए तैयार हैं कि हिन्दी की अधिकतर कविताएँ संगृहीत होकर इंटरव्यू में दिखाने के काम ही आती हैं। शायद इंटरव्यू लेने वाले यह मानकर चलते हैं कि जो कविताई कर लेता हो, अखबारनवीसी-अनुवाद प्रसारण आदि उसके लिए बायें हाथ का खेल सिद्ध होंगे। आखिर कविताई कला है और अखबारनवीसी एक मामूली-सी बला है।

लेकिन जैसा कि हमने पहले कहा, कुछ लोग कविताई में समसामयिक

बोध के नाम पर अखबारनवीसी की घुसपैठ करा देने पर आमादा हैं। और हिन्दी की नयी कविता में भी यह हाल है कि जो एक ने किया वह सब करें। जिस बात की जहाँ जरा चर्चा हो उसे फौरन ले उड़ें। श्रीकान्त वर्मा ने नरेश मेहताई भटके मेघों के साथ भटकना छोड़कर 'तुक-तुक्का-लुक्का-लुक-बन्दी' में नये काव्य का मुक्तिबोध पाया तो सहसा बहुतों को पिछली पंक्ति के अन्तिम शब्द और अगली पंक्ति के पहले शब्द की तुक मिलाकर समसामयिक बौखलाहट का सुख लेने-देने का सुअवसर मिल गया। रघुवीर सहाय कविताई छोड़कर अखबारनवीसी पर उतरे तो यहाँ भी हाउस फुल होता नजर आया। और इस हाउस में जिसे देखो वही लखूखा। देखते-ही-देखते खड़ी बोली बड़े-बड़े सुकुमार सुसंस्कृत कवियों पर हावी होने लगी। कैलाश वाजपेयी गीतों की दुनिया को बहुत पीछे छोड़ते हुए इस नये संगम को त्रिवेणी पहले ही बना चुके थे। रघुवीर सहाय और श्रीकान्त वर्मा तो खैर पेशे से अब भी अखबारनवीस हैं, कैलाश वाजपेयी मुदर्रिसी कर रहे हैं, मुद्रा अखबारनवीसी में बिताए हुए दिनों को भूले नहीं हैं। अखबारनवीसी की इस त्रिवेणी में ये तीनों कवि बहुत उत्साह से डुबकी लगा रहे हैं। श्रीकान्त वर्मा टेलीप्रिंटर छन्द में काव्य पहले से ही लिख रहे थे लेकिन मूढ़ आलोचक इस बारीकी से बेखबर रहे जा रहे थे। इसलिए उन्होंने कविता के बीच-बीच में टेलीप्रिंटर से समाचार भेजने वालों के 'फ्लैश', 'मोर टू फालो,' 'एड', 'लीड' और 'इण्ट्रो' जैसे लटकों का बेखटके इस्तेमाल करना शुरू कर दिया है। इस त्रिवेणी में नयी कविता के कई बुजुर्ग भी श्रद्धापूर्वक डुबकी लगा रहे हैं। समकालीनों का तो खैर सब कुछ आजमा देखने का धर्म ही है। बाद वाले कभी तफरीहन पाखण्ड करने के इरादे से ही इस संगम पर स्नान करने आये हैं। उनमें से अधिकतर अकविता की अन्धी गलियों में लुकमान अली से लुका-छिपी कर रहे हैं या नव-प्रगतिवादी काव्य की धूमिल-सी पटकथा के सर्जन में व्यस्त हैं।

अखबारनवीसी और कविताई का यह प्रकरण दिलचस्प संवादों का मसाला जुटा सकता है और हमें आशा है कि आलोचना की पत्रिकाएँ इस ओर भी ध्यान देंगी। इस बात का भी विचार किया-कराया जाएगा कि जो कवि है वह अपनी हर बात कविता के माध्यम से क्यों नहीं कह सकता? उसे अपनी अखबारनवीसी भी कविता में करने से रोकना कहाँ तक संगत है? आखिर श्रद्धेय मैथिलीशरण गुप्त ने संसद-सदस्य के रूप

में अपना दायित्व भी कविता के माध्यम से निभाया। बच्चन जी अपना रोजनामचा तक कविता के रूप में लिख रहे हैं। स्व. चन्द्रकुँवर वर्तवाल ने अपने चारों ओर की हर चीज और बात पर कविता लिखी। प्रगतिवाद के दौर में शमशेर बहादुर सिंह तक विशिष्ट घटनाओं और व्यक्तियों की कसीदाकारी में मुब्तिला रहे। फिर विशेष संवाददाताओं को 'मार तमाम लोग' का काव्य लिखने पर सूनी नाव के खेवैया क्यों कोसें? इधर इस अहम मसले के बारे में अमेरिका में भी बहस चल निकली है। कुछ कवियों ने सवाल किया है कि अखबारनवीसी के दायरे में आने वाले किसी विषय पर कविता लिखना हास्यास्पद क्यों समझा जाता है? आखिर पहले के सभी कवियों ने, और तो और इसी शताब्दी के तीसरे दशक के कवियों तक ने, समसामयिक घटनाओं और व्यक्तियों को काव्य का विषय बनाया है। अब हमें ही इससे परहेज क्यों होने लगा? आखिर हम ब्रिटेन में सेसिल डे लेविस जैसे 'नये' कवि के पोयट लारेद (राष्ट्रकवि) नियुक्त किये जाने को हास्य-व्यंग्य के स्तम्भों के लिए उपयुक्त विषय क्यों मानते हैं? हमें किसी नये कवि द्वारा अवसरानुकूल औपचारिक काव्य रचा जाना असंगत क्यों प्रतीत होता है? कि नये बोध वाले कवि की अवसरानुकूल कविता नितान्त औपचारिक ही होगी? इस तरह की तमाम बातें इस बहस में उठायी गयी हैं।

अमेरिकी कविता में अखबारनवीसी की झंडाबरदारी कर रहे हैं 1966 के राष्ट्रीय काव्य पुरस्कार के विजेता जेम्स डिकी। किसी मित्र से यह सुनने पर कि अन्धे बच्चे प्रकाश का क्षणिक विस्फोट 'देखने' का सुख पाने के लिए अपनी आँखों पर घूँसे मारते हैं, डिकी ने फौरन एक कविता लिख डाली–'वे जानते हैं कि उन्हें देखना चाहिए। किन्तु क्या देखें अब? जब बन्द मुट्ठियाँ, आँखों की छाती कूटती हैं, गदोलियों से रोशनी देता वह कोई अजनबी नहीं होता। यह झलक उस ललक की थी, जो भड़कती रही है आदमजात में आदि काल से। अन्धों के आश्रम में बच्चे मुड़ते हैं लौटने को, नस्ल के ननिहाल की ओर। मुँह फेर कर चुपचाप, मुखातिब होते हैं तिलिस्म की अधसीसी गुफाओं से। आँखें चिन्दी किये, चौड़ी किये, निकाले, भाले से बिंधे, गड्ढों में धँसे, वे खामोश हैं। यह अटकल तुम्हें लगानी होगी कि इस संयम के भीतर क्या मचल रहा है?'

इस कविता का घोर विरोध इसलिए किया गया कि डिकी ने इसकी

भूमिका में मित्र दारा प्राप्त सूचना का उल्लेख किया। लोगों ने कहा, यह कविता नहीं, किसी समाचार पर टिप्पणी करने वाले 'सम्पादकीय' के स्तर की पत्रकारिता है। डिकी ने जवाब दिया कि मेरी अब तक की सारी कविताएँ अनुभव पर आधारित रही हैं और मैं सार्वजनिक अनुभव को निजी अनुभव के क्षेत्र से बहिष्कृत मानने के लिए तैयार नहीं हूँ। मैं तो यह मानता हूँ कि कवि के लिए पत्रकारिता भी बहुत प्रेरणाप्रद सिद्ध हो सकती है। और जैसे इसी का प्रमाण प्रस्तुत करने के लिए डिकी ने सचित्र पाक्षिक 'लाइफ' के लिए अन्तरिक्ष यान अपोलो-7 के प्रस्थान का संवाद भेजना स्वीकार कर लिया। अन्य संवाददाताओं के साथ वह भी केप कैनेडी पहुँचे और अपोलो-7 के छोड़े जाने का आँखों देखा हाल उन्होंने कविता में लिख भेजा। उनके अनुसार अन्तरिक्ष यात्री धरती से नहीं, 'सज़नियों की सेज से' ऊपर उठे और अन्तरिक्ष में नहीं, 'सर्वव्यापी खोह में, गणितबद्ध गहराइयों में' गये। वहाँ से वे 'हमें ढूँढ़कर लाने वाले' हैं।

अन्तरिक्ष यात्री जब 'हमें ढूँढ़कर लौटेंगे' तब निश्चय ही डिकी महोदय को 'हमारे बारे में' विशेष इंटरव्यू देंगे। शी.ही. की पहुँच अन्तरिक्ष यात्रियों तक तो नहीं है लेकिन अखबारनवीसी के कवि उन्हें यदा-कदा मिल जाते हैं। इनसे दो विशेष संवाद प्राप्त हुए। एक तो यह कि सर्वश्री रघुवीर सहाय और कैलाश वाजपेयी सभी पत्रिकाओं से समान रूप से असन्तुष्ट हैं और अपना-अपना अख़बार निकालने की योजना बना रहे हैं। इन लघुतम पत्रिकाओं द्वारा कवि अपनी रचनाओं और विचारों का प्रकाशन शुद्धतम रूप में कर सकेगा। सुना जाता है कि अब मामला इस बात पर अटका हुआ है कि 'अपने अखबार' की हर कवि कितनी प्रतियाँ छापे? कैलाश वाजपेयी अपने कवि-सम्मेलनी दिनों की याद के मारे सौ-दो सौ प्रतियाँ छापने के पक्ष में हैं। रघुवीर सहाय कुल एक-एक प्रति छापने का आग्रह कर रहे हैं। श्रीकान्त वर्मा चौंकाने वाले वक्तव्यों से चौंकने वालों को चौकस रखने के लिए नया स्टेटमेंट रिलीज़ करने वाले हैं—'अब तक हिन्दी कविता में जो अखबारनवीसी होती रही है, और उसमें मेरी अखबारनवीसी भी शामिल है, निहायत ही घटिया ढंग की होती रही है। कविता में सही ढंग की अखबारनवीसी करने का अवसर आ गया है—अगर और कोई इस जिम्मेदारी को नहीं उठाएगा तो यह काम भी मुझे ही करना होगा।'

कुल मिलाकर यह मोर टू फालो का मामला है।

एक तमाशा टेलीविजन के लिए

आधुनिक जीवन-चक्र की धुरी है साधारण व्यक्ति। साहित्य हो, या कला या समाज, हर क्षेत्र में आम आदमी का ही बोलबाला है। हर जगह साधारण की असाधारण की, खोज जारी है। खास आदमी को आज की दुनिया केवल उत्सुकता, तिरस्कार या आतंक की दृष्टि से ही देख पाती है। यह सब तो है, फिर भी असाधारण का जादू पूरी तरह टूट चुका हो, ऐसा भी नहीं है। आधुनिक युग में भी सामन्तवाद के अवशेष अपना रंग जमाने से नहीं चूकते। आधुनिक युग के सपाट और खुरदरे मंच पर भी फैंटेसी अपना करिश्मा दिखा ही जाती है। भारत को छोड़िए, जहाँ लोग आधुनिकता जबरदस्ती ओढ़ने की कोशिश कर रहे हैं; इंग्लैंड जैसे तकनीकी दृष्टि से विकसित प्रगतिशील देश में भी मध्ययुगीन सामन्तवाद, सारे विरोधों के बावजूद, अपना जलवा फीका नहीं पड़ने दे रहा। वहाँ अब भी लोकतन्त्र और राजतन्त्र सह-अस्तित्व बनाये हुए है। यह और बात है कि सारी शक्ति लोकतन्त्र के हाथ में है; मगर अब भी राजतन्त्र की शानो-शौकत पूरी तरह नेस्तनाबूद नहीं हो सकी है। बल्कि पहली जुलाई को तो उसकी चकाचौंध से जैसे सारा ब्रिटेन चौंधिया ही गया था। पहली जुलाई* के दिन युवराज चार्ल्स को विधिवत भावी सम्राट घोषित कर दिया गया।

1953 में महारानी एलिजाबेथ की ताजपोशी के बाद का यह सबसे बड़ा शाही जश्न था, इसलिए जाहिर है कि इसकी तैयारी बड़े जोर-शोर

* 1 जुलाई 1969

से की गयी। नार्थ बेल्स का कारनारवौन का किला, जहाँ यह रस्म अदा हुई, नये सिरे से सजाया गया। होल-इन-दि वाल स्ट्रीट की चमचमाती दुकानें समारोह-पत्रिकाओं, स्मारक बैजों, खूबसूरत महँगे कफ-बटनों, बहुमूल्य चाबी की जंजीरों आदि से पटी पड़ी थीं। इस उत्सव में भाग लेने के लिए आने वाले लगभग दो लाख अभ्यागतों के स्वागत-सत्कार की पूरी तैयारी की गयी थी। किले के अन्दर लगभग 4,000 व्यक्तियों के बैठने का इन्तजाम था। मगर उनमें से कोई 2,500 ही भीड़ की वजह से समारोह को ढंग से देख पाये होंगे। किले के भीतर जगह बेहद कम होने के कारण व्यवस्थापकों के सामने यह समस्या आ खड़ी हुई कि वे अतिथियों के लिए खान-पान जुटायें या उनके लिए शौचालयों की व्यवस्था करें। इन दो विकल्पों के बीच अन्ततः उन्हें दूसरा विकल्प चुनना पड़ा। इसलिए शाही मेहमानों को अपनी शैम्पेन और थोड़ी-बहुत भोजन-सामग्री लुका-छिपाकर अपने साथ ही लानी पड़ी। विशेष अतिथियों को यह छूट दी गयी थी कि वे चाहें तो तीस डालर कीमत देकर अपनी कुर्सी यादगार के रूप में अपने साथ घर ले जा सकते हैं। चौबीस डालर का टिकट खरीदकर किले के बाहर से इस जश्न की ताक-झाँक भी की जा सकती थी। कासल स्क्वेयर खुशनुमा झाड़ियों, फूल-पत्तियों और रोशनी के धनुषों से सजाया गया था। शहर की गलियों में रंग-बिरंगे झंडों के तीस सेट फहरा रहे थे।

अपनी शाही रेल में बैठकर राज-परिवार नार्थ वेल्स पहुँचा। उसके उतरने के लिए एक विशेष प्लेटफॉर्म का निर्माण किया गया था। छरहरा सुन्दर युवराज बग्घी में बैठ कर किले में दाखिल हुआ तो सारा किला तालियों की गड़गड़ाहट से गूँज उठा। राज-परिवार के अन्य सदस्यों का स्वागत भी इसी उत्साह से किया गया। शानदार घोड़ों और घुड़सवारों को देखकर लोगों की तबीयत खुश हो गयी। मंच ऐसे सजा हुआ था जैसे वहाँ शेक्सपियर का कोई नाटक खेला जाने वाला हो। गृहमन्त्री और वेल्स-मन्त्री ने अंग्रेजी और वेल्स भाषा में सनद पढ़नी शुरू की तो युवराज चार्ल्स महारानी एलिजाबेथ के सामने घुटनों के बल बैठ गया। महारानी ने उसे एक तलवार और एक सोने की छड़ी भेंट की, उसके माथे पर ताज रखा और उसे एक अँगूठी पहना दी। माँ और पुत्र दोनों भावावेश से अभिभूत थे। माँ अपने पुत्र की आँखों में देख नहीं पा रही थी और चार्ल्स भी पूरे संस्कार के दौरान सिर्फ एकाध बार ही आँखें

उठाकर अपनी माँ को देख सका। महारानी के बायीं ओर बैठे पिता के अधरों पर कभी-कभी मुस्कान खेल उठती थी। फिर महारानी ने अपने हाथों में युवराज का हाथ थाम लिया और युवराज चार्ल्स ने शपथ ग्रहण की।

युवराज चार्ल्स को भावी राजा बनाने का यह समारोह निर्विघ्न ही सम्पन्न नहीं हो गया। इस समारोह के विरुद्ध, अपना आक्रोश प्रकट करने के लिए वेल्स के क्रान्तिकारी बम-विस्फोट करते रहे। बैंड बाजों के साथ वातावरण में धमाके भी गूँजते रहे। वेल्स के उग्रतावादी निवासी यह नहीं चाहते कि अब कोई अंग्रेज 'प्रिंस आफ वेल्स' बने। अंग्रेजों से वेल्सवासियों का विरोध बड़ा पुराना और ऐतिहासिक है। वेल्सवासी गाने के बड़े शौकीन हैं और यदि वहाँ का कोई व्यक्ति पन्द्रह साल की उम्र तक भी बेसुरा अलापता रहे तो उसे इंग्लैंड रवाना कर दिया जाता है। वेल्सवासियों का दावा है कि वे ही ब्रिटेन के मूल निवासी हैं। वे ब्रिटेन में मध्य यूरोप से आये थे। ब्रिटेन आने पर उन्हें पहले रोमनों और बाद में सेक्सनों से संघर्ष करना पड़ा, जिन्होंने उन्हें इंग्लैंड से बाहर पश्चिम की ओर खदेड़ दिया। सेक्सनों ने ही उन्हें वेल्स का नाम दिया। वेल्स का अर्थ सेक्सन भाषा में विदेशी होता है। इंग्लैंड के राजा एडवर्ड प्रथम ने उन्हें अन्तिम रूप से कुचलकर रख दिया और इस लड़ाई में आखिरी प्रिंस आफ वेल्स मारा गया। वेल्सवासियों को प्रसन्न करने के लिए एडवर्ड ने इस बात की व्यवस्था की कि उसका बेटा कारनारवौन में ही जन्म ले। 1284 में वेल्स सामन्तों के सामने अपने पुत्र को पेश करते हुए उसने यह घोषणा की कि उसका पुत्र अंग्रेजी का एक शब्द भी नहीं बोल सकता। सत्रह साल बाद एडवर्ड ने अपने पुत्र को विधिवत इंग्लिश प्रिंस आफ वेल्स घोषित कर दिया। तभी से यह परम्परा चली आ रही है कि युवराज प्रिंस ऑफ वेल्स कहलाते हैं। इन सब बातों के बावजूद आज तक वेल्सवासी अंग्रेजों से असन्तुष्ट हैं और मुक्ति-संग्राम छेड़े हुए हैं। उनका आरोप है कि अंग्रेज उनके देश का सारा पैसा करों के रूप में चूस लेते हैं और बदले में कुछ करके नहीं देते। इसीलिए उन्होंने यह जश्न भी चैन से मन जाने नहीं दिया। एक बम का विस्फोट तो शाही रेल की पटरी के पास ही हुआ और दूसरा रस्म शुरू होने के कुछ ही मिनट पहले कारनारवौन के एक डाकघर के पास। पहली जुलाई से पहले भी इस तरह के धमाके होते रहे थे। मगर वेल्स वालों को इस जश्न से आर्थिक

लाभ हुआ है। इस समारोह के कारण सैलानियों से प्राप्त होने वाली आय में लगभग 7,000,000 डालर की बढ़ोतरी हो गयी होगी।

इस अत्यन्त भव्य और बेहद खर्चीले शाही जश्न का विरोध केवल वेल्सवासियों ने ही नहीं किया, स्वयं अंग्रेजों ने भी किया। जाहिर है कि उनका विरोध दूसरे सन्दर्भ में दूसरे स्तर पर था। इस वैचारिक विरोध के दो आयाम थे। एक ओर तो इस समारोह को अक्षम्य और तर्कहीन अपव्यय माना गया, दूसरी ओर वह सवाल भी जोरदार तौर पर उभरा कि आखिर इस आधुनिक सभ्यता में राजा-वाजा की जरूरत ही क्या है? यह आम आदमी द्वारा पूछा जाने वाला सवाल है। वह यह पूछ रहा है कि मध्ययुगीन सामन्तवाद के इन अवशेषों पर बेतरह रुपया बर्बाद करने से आखिर कौन-सा मकसद हल होता है? क्या उपयोगिता है इन खास-उल-खास आदमियों की इस आम आदमियों के समाज में? बादशाहत को 'शाही नौटंकी' की संज्ञा देने वाले मैलकोम मगरिज ने फिर कहा कि राष्ट्रीय जीवन में बादशाहत की सारी महत्ता और उपयोगिता नष्ट हो चुकी है। चार्ल्स एड़ी-चोटी तक का जोर लगा लें लेकिन बादशाहत यथार्थ से दिन-प्रतिदिन दूर ही होती जाएगी और आम आदमी के लिए और भी अजूबा बनकर रह जाएगी।

रजवाड़े के विरुद्ध सबसे बड़ी आपत्ति तो आर्थिक ही है। अंग्रेज नेताओं तक का कहना है कि शाही तमाशे पर जो भारी रकमें खर्च की जाती हैं, वह उसके लायक नहीं है। राज-परिवार के सदस्यों पर खर्च होने वाला रुपया भी वाकई है तो चौंका देने वाला। राजमाता को प्रति वर्ष 168,000 डालर और महारानी एलिजाबेथ को 1,140,000 डालर की रकम प्राप्त होती है। चार्ल्स को फिलहाल अपने खर्चे के लिए 72,000 डालर मिलते हैं। लेकिन इसी वर्ष बालिग हो जाने पर उसे 480,000 डालर मिलने लगेंगे। और इस सबका बोझ पड़ता किस पर है? उसी आदमी पर जो अब शाही तमाशों का शौकीन नहीं रहा। यह रकम वह करों के रूप में अदा करता है। वह जमाना और था जब इंग्लैंड की तूती बोलती थी। दुनिया का एक बहुत बड़ा भू-भाग उसका उपनिवेश था। उसके साम्राज्य में कभी सूरज डूबता ही नहीं था। अब हालात बदल चुके हैं। ब्रिटेन की आर्थिक स्थिति पहले जैसी मजबूत नहीं रह गयी है। जापान जैसे देश उसे कभी के पीछे छोड़ चुके हैं। पौण्ड की साख डाँवाडोल है। आम आदमी आर्थिक रूप से पूर्णतः सुरक्षित नहीं रह गया

है। इसीलिए वह पूछता है कि इन 'खास लोगों' का बोझ हमारे कन्धे से कब उतरेगा? विशेषकर नयी पीढ़ी के अंग्रेज युवा यह सवाल और भी जोर से पूछने लगे हैं। छात्र-आन्दोलनों, हिप्पी संस्कृति और आर्थिक समस्याओं के समाज में शाही ताम-झाम बिल्कुल पैबन्द जैसी मालूम पड़ने लगी है।

लेकिन ऐसा भी नहीं है कि सब अंग्रेज राज-परिवार को एक बेकार का बोझ ही मानते हों। बड़े-बूढ़ों में राज-परिवार की लोकप्रियता कम भले ही हो गयी हो, खत्म नहीं हो गयी है। राज-परिवार की अपनी आमदनी कुछ कम नहीं है। अब भी उनके नाम काफी जमीन है। शाही सम्पत्ति से प्रति वर्ष लगभग 132 लाख डालर की आय होती है। यह आय सरकारी खजाने में जमा कर ली जाती है। सरकार राज-परिवार को खर्चे के लिए सिर्फ 384,000 डालर ही तो देती है। वैचारिक रूप में निरर्थक हो जाने पर भी भावात्मक रूप में बादशाही की उपयोगिता अब भी बनी हुई है। इससे अंग्रेजों के खंडित अहं की रक्षा होती है। वह अपनी शाही परम्परा पर गर्व कर सकते हैं और कह सकते हैं कि दुनिया के सबसे महँगे, सबसे खास आदमी अब भी इंग्लैंड में ही हैं। साथ ही अंग्रेज राजा या रानी राष्ट्रमंडल के सदस्यों के बीच सूत्र का कार्य भी करता है। राजा-रानी के बहाने अंग्रेजवासी भी एक सूत्र में बँधे रहते हैं। अभिनेत्री रीटा तुशिंगम का कहना है कि जब राष्ट्रगीत बजता है और सब लोग उठकर खड़े होते हैं तब यही भावना कार्य कर रही होती है कि महारानी अपनी ही हैं।

चार्ल्स को प्रिंस आफ वेल्स बनाये जाने के इस अद्वितीय रूप से भव्य समारोह को भी सभी अंग्रेजों ने आलोचना की दृष्टि से ही नहीं देखा, बहुतों का इससे भरपूर मनोरंजन भी हुआ। कुछ ने आस्था और श्रद्धा भी व्यक्त की। इस आयोजन के संयोजन में लार्ड स्नोडाउन और ड्यूक आफ नौरफोक की प्रतिस्पर्द्धा भी बड़ी मनोरंजक रही। यद्यपि समारोह के औपचारिक संयोजक ड्यूक ऑफ नौरफोक ही थे, तथापि लार्ड स्नोडाउन ने भी अपनी चलाने में कोई कसर नहीं उठा रखी। ड्यूक साहब जरा पुराने जमाने के आदमी हैं; इसलिए यह इस समारोह को अधिकाधिक शालीन, गरिमापूर्ण, पवित्र और पारम्परिक बनाये रखने के पक्ष में थे। लार्ड स्नोडाउन नये जमाने के हैं और प्रचारवादी हैं। वह चाहते थे कि सारा समारोह बिल्कुल आधुनिक शैली में सम्पन्न हो,

चहल-पहल हो। उन्होंने इस समारोह का आयोजन टेलीविजन को ध्यान में रखते हुए किया। यह उन्हीं की योजना थी कि यह अलंकरण-समारोह यूरोप, अमेरिका, कैनेडा और आस्ट्रेलिया में टेलीविजन पर दिखाया जाए। उन्होंने घोषणा भी की थी कि मैंने सम्पूर्ण उत्सव की व्यवस्था टेलीविजन की दृष्टि से की है। कुछ अधिकारियों ने यह कह कर कि हम तमाशा नहीं बनना चाहते, इसका विरोध भी किया था। किन्तु जीत लार्ड स्नोडाउन के ही हाथ रही।

स्नोडाउन साहब खुद भी एक शानदार छविकार हैं। इंग्लैंड के पाँच-छह चुने हुए छविकारों में उनकी गिनती होती है। ओवर ग्लेनडावर के बाद शाही परिवार में विवाह करने वाले वह पहले वेल्स हैं। आम आदमी होते हुए भी राजकुमारी मारग्रेट से विवाह करने का चमत्कार उन्होंने कर दिखाया। उनका भविष्य भी काफी चमकदार मालूम देता है। वह महिलाओं में बड़ी आसानी से लोकप्रिय हो जाते हैं। उन्हें कपड़ों और कपड़ों के डिजाइनों की बड़ी अच्छी परख है। प्रिंस आफ वेल्स चार्ल्स की भी उनमें काफी निष्ठा थी। चार्ल्स और लार्ड स्नोडाउन में एक समान बात यह है कि दोनों ही मंच पर अभिनय के शौकीन हैं। चार्ल्स के प्रिंस आफ वेल्स बनाये जाने के इस समारोह में उनकी प्रमुख भूमिका रहना उनकी एक महत्त्वपूर्ण उपलब्धि है। बहुत-से अंग्रेज राज-परिवार से कुछ इस वजह से भी उखड़े हुए हैं कि वह अपनी गौरव-परम्परा पूर्ववत बनाये नहीं रख रहा है। राज-परिवार के सदस्य प्रचार से बचना नहीं चाहते, टेलीविजन जैसे प्रचार-माध्यमों से उन्हें कोई खास परहेज नहीं रह गया है। वह आम आदमी जैसे ही होते जा रहे हैं। जब वह आम आदमी होते जा रहे हैं, तब वह खास आदमी वाला अपना रुतवा और दर्जा बनाये कैसे रख सकते हैं? टेलीविजन पर आने का उनका यह पहला मौका नहीं था। पिछले दिनों उनपर बनी एक टेलीविजन फिल्म का प्रीमियर भी हो चुका है। यह वृत्तचित्र रिचर्ड कौस्टोन और एंटोनी जे. ने मिलकर बनाया है और इसका नाम है 'रायल-फेमिली'। यह वृत्तचित्र कोई 105 मिनट का है। अब तक राज-परिवार की दिनचर्या पर रेशमी पर्दा पड़ा हुआ था और लोग कल्पनाएँ किया करते थे कि न जाने उसके सदस्य कैसे होंगे? क्या हम जैसे होंगे? आम आदमी की खास आदमी के बारे में जिज्ञासा होना स्वाभाविक ही है। यह चित्र इसी जिज्ञासा का समाधान करने के उद्देश्य से तैयार किया गया है। बी.बी.सी. और आई.टी.बी. के सहयोग

से बने इस चित्र को आई.टी.बी. के प्रतिनिधि ने रोमांचक और चित्ताकर्षक रहस्योद्घाटन कहा है। इस चित्र में राज-परिवार के सदस्य दफ्तर में भी दिखाये गये हैं और घर में भी। कैसे वह अभ्यागत महापुरुषों का स्वागत करते हैं, संस्थानों आदि का उद्घाटन करते हैं और कैसे लगते हैं वे जब वह बिल्कुल सहज हो जाते हैं, औपचारिकताओं से मुक्त होकर अपना, नितान्त अपना जीवन जीते हैं। यह सब इस चित्र में बखूबी दिखाया गया है। उन्हें सहज, अकृत्रिम रूप में देखकर इंग्लैंड का आम आदमी शायद चौंक गया हो और खुश भी हुआ हो कि अरे, अपने सहज रूप में तो ये हम जैसे ही हैं।

इस चित्र में एक मनोरंजक भूल भी हो गयी जो काफी चर्चा का विषय बन गयी है। एक दृश्य में इंग्लैंड में अमेरिका के राजदूत एननवर्ग महारानी को अपना परिचय-पत्र पेश करते हुए दिखाये गये हैं। इसके तुरन्त बाद महारानी और प्रिंस फिलिप्स का यह वार्तालाप है; 'वह वहाँ नहीं है।' 'कौन?' 'अमेरिका का राजदूत।' इस वार्तालाप से कुछ ऐसा आभास होता है जैसे अमेरिकी राजदूत के जाने से उन दोनों ने राहत की साँस ली हो। बताया गया है कि यह सम्पादन की भूल है। असल में यह वार्तालाप उस दृश्य के पहले का है। और पूर्ववर्ती राजदूत डेविड बुश के बारे में है।

राज-परिवार के सदस्य चाहे ख़ास आदमी के रूप में दिखाये जायें, चाहे आम आदमी के रूप में, यह सवाल फिर भी बना रहता है कि आधुनिक समाज में उनकी उपयोगिता क्या है? खास आदमी के सामने आम आदमी का दबदबा अब कम होता दिखाई नहीं देता। जब तक चार्ल्स आम आदमियों के बीच अपनी खास जगह नहीं बना लेता, तब तक उसके प्रिंस आफ वेल्स बन जाने से किसी को कोई खास फर्क पड़ने वाला नहीं है। चार्ल्स एक महत्त्वाकांक्षी युवक है और इस तथ्य से वह अपरिचित नहीं है कि इस जमाने में राजा बनना एक अभिशाप ही है। वह इस अभिशाप को वरदान में बदल देने की हर मुमकिन कोशिश करेगा। वह अपनी प्रासंगिकता और उपयोगिता सिद्ध करने में कोई कसर उठा नहीं रखेगा। उसने आशा व्यक्त की है कि वह एक अनौपचारिक राजदूत के रूप में राष्ट्रमंडलीय देशों के बीच सौहार्द और सद्भावना का प्रसार करेगा। वह निर्णय तो भविष्य ही करेगा कि आधुनिक संसार को किसी 'राज'-दूत की आवश्यकता है भी कि नहीं।

छोटी पत्रिकाएँ : बड़ी विडम्बनाएँ

राजधानी में लघु-पत्रिकाओं की प्रदर्शनी के अवसर पर उनसे सम्बद्ध व्यक्तियों की एक विचार गोष्ठी भी हुई। इसमें लघु-पत्रिकाओं के स्वरूप, कार्य-क्षेत्र और दायित्व के विषय में कुछ बातें स्पष्ट हो सकती थीं। लेकिन इस गोष्ठी ने व्यावसायिकता को कोसने और एक-दूसरे को अपने से अधिक व्यावसायिकता-प्रिय ठहरा देने की प्रतियोगिता का रूप ले लिया। पिछले दो दशकों में हमारे जन-जीवन के हर क्षेत्र में भाषा-परिभाषा को धूमिल बनाकर अँधेरे में अन्धेरगर्दी का सुख लूटने की प्रवृत्ति बढ़ी है। व्यावसायिकता और साहित्यिकता की बहस भी इसी घोटाले से पैदा हुई है। पाठक-संख्या और विज्ञापन-आय के पश्चिमी पैमाने से जो व्यावसायिक ठहरायी जा सकें, ऐसी पत्रिकाएँ हिन्दी में आज भी नहीं हैं। ज्यादा से ज्यादा बड़े पाठक-वर्ग तक पहुँचने का प्रयास अवश्य आरम्भ हुआ है और इस सिलसिले में 'मास-अपील' (बहुजन आकर्षण) के कुछ आधुनिक लटके अपनाये जा रहे हैं। लेकिन हिन्दी में यह 'मास' आज भी साहित्यिक रुचि वाले मध्यवर्ग तक सीमित है और तथाकथित व्यावसायिक पत्रिकाओं के तेवर भी साहित्यिक हैं। व्यावसायिकता के आधुनिक तौर-तरीकों से फिलहाल हम कितने दूर हैं इसका अनुमान इसी बात से किया जा सकता है कि हिन्दी में गुरु-गम्भीर और दुरूह विषयों को सरल, आकर्षक तथा सनसनीखेज बना सकने वाले और सामान्य जन की रुचि के सनसनीखेज माल को बौद्धिक गरिमा प्रदान कर सकने वाले पत्रकार नहीं के बराबर हैं। पत्रिकाओं के लेखकों के नाम पर जो

भी हैं, सो साहित्यकार हैं और उनका लेखन-क्षेत्र ज्यादातर साहित्यिक विषयों तक सीमित रहता है। इसलिए हिन्दी पत्रकारिता में पश्चिमी तर्ज की व्यावसायिकता का अस्तित्व देखना-दिखाना और उसकी निन्दा में पश्चिम के व्यावसायिकता-विरोधी लेखकों के स्वर में स्वर मिलाना एक अप्रासंगिक अभ्यास और अनर्गल प्रलाप ही कहा जाएगा। यह समझना भी जरा मुश्किल ही है कि अगर हिन्दी पत्रिकाएँ इतने बड़े हिन्दी-भाषी क्षेत्र में लाख-दो लाख की ग्राहक-संख्या का लक्ष्य अपने सामने रखने लगी हैं, अगर इस लक्ष्य की पूर्ति के लिए वे शुद्ध साहित्य-संस्कृति-कला से कुछ हटकर विज्ञान, मनोविज्ञान, समाजशास्त्र, नृतत्त्व, रहस्य-रोमांच आदि की ओर ध्यान देने लगी हैं, तो उन लोगों को क्या तकलीफ हो रही है जिन्हें अपनी आधुनिकता पर नाज है।

ठेठ आधुनिकता को अगर विरोध हो सकता है तो इस बात से कि 'व्यावसायिक' पत्रिकाएँ—जिनका धर्म पाठकों की रुचियों और आवश्यकताओं की ओर ध्यान देना है—साहित्य और साहित्यिकों को इतना महत्त्व क्यों दे रही हैं? संक्रमण के इस दौर में अर्द्ध-व्यावसायिक, अर्द्ध-साहित्यिक पत्रिकाओं से हर लेखक अपना उल्लू सीधा करने और दूसरों को उल्लू सिद्ध करने में क्यों जुटा हुआ है? लेकिन विरोध का यह स्वर कम ही सुनाई देता है। विरोध मुख्य रूप से नितान्त व्यक्तिगत स्तर पर है। जो थोड़ी-बहुत मूल्यगत चर्चा हुई भी है वह ज्यादातर हवाई ठहरी है। सम्पादन को व्यक्तिगत साहित्यिक सत्ता का पर्याय मानने वालों में और सम्पादकों का व्यक्तिगत विरोध करने वालों में कोई अन्तर नहीं है। दोनों की समझ मूलतः आधुनिक नहीं, सामन्ती है। इसी तरह जिन्हें बड़ी पत्रिकाओं से महज इसलिए विरोध है कि वे बड़े प्रतिष्ठानों द्वारा छापी जाती हैं, उनकी आधुनिक समझ भी खासी सन्दिग्ध मालूम होती है। संगठन और प्रतिष्ठान आधुनिक तन्त्र के अनिवार्य अंग हैं। स्वयं छोटी पत्रिकाओं को अखिल भारतीय स्तर पर संगठित होने की आवश्यकता आखिर क्यों महसूस हुई? ऐसा भी नहीं है कि प्रतिष्ठान व्यावसायिक पत्रिकाओं को विशेष प्रकार का साहित्य ही प्रकाशित करने को बाध्य कर रहा हो। बहुप्रचारित पत्रिका अगर किसी के आग्रह से बाध्य है, तो पाठक के।

प्रतिष्ठान-प्रतिष्ठान में बहुत ज्यादा अन्तर करना, छोटे प्रतिष्ठान को बड़े प्रतिष्ठान से हर हालत में बेहतर मानना, किशोर-सुलभ भावुकता का

परिचायक हो सकता है, प्रौढ़ आधुनिकता का नहीं। प्रतिष्ठान-विरोध अपने में कोई मूल्य नहीं हो सकता। और अगर हो सकता है तो उसके तर्क की अनिवार्य-परिणति यह है कि लेखक संन्यासी हो जाए। छोटी पत्रिका निकालना ही प्रतिष्ठान बनने-बनाने की दिशा में पहला कदम बढ़ा देना है। यह भी द्रष्टव्य है कि प्रतिष्ठान-विरोध के नाम पर छोटी पत्रिकाओं में तरह-तरह के लेखक जिस विद्रोही वामपन्थी तेवर का प्रदर्शन करते रहे हैं उसके नैतिक और राजनीतिक मूल्य भी आवश्यकता से अधिक अस्पष्ट रखे जाते हैं। यह कह सकना काफी मुश्किल है कि इसे अपरिपक्वता की निशानी माना जाए या सुविधाप्रियता की। जो विद्रोह किसी भी राजनीतिक चिन्तन से सम्बद्ध न हो, जो कैसे भी सामाजिक कर्म से कतरा जाना चाहता हो, जो खुद को और चन्द दोस्तों को चौंका देने को पूरी व्यवस्था को उलट देने का पर्याय मानता हो, जो अश्लीलता को क्रान्तिकारिता की ध्वज-वाहिनी ठहराता हो, वह काफी हाउस की प्यालियों में ही तूफान बरपा कर सकता है। इसी तरह साहित्यिकता के नाम पर निकलने वाली लघु-पत्रिकाओं के कोई सुचिन्तित साहित्यिक मानक न होना भी एक अजीब-सी बात है। लघु-पत्रिकाएँ आम तौर पर किसी साहित्यिक आन्दोलन से जुड़ी होती हैं और उनकी साहित्य के सम्बन्ध में कोई विशिष्ट दृष्टि होती है। इधर हिन्दी में बीसियों ऐसी लघु-पत्रिकाएँ निकलने लगी हैं, जिनका कोई विशिष्ट साहित्यिक व्यक्तित्व नहीं है। ये लगभग एक-सा स्तरहीन साहित्य छापती हैं और वक्तव्यों द्वारा एक-दूसरे से अपने को अलग-अनूठा सिद्ध करने का यत्न करती हैं।

साहित्य के मंच पर लघु-पत्रिकाओं की विशिष्ट भूमिका रही है और रहनी चाहिए। लेकिन इसके लिए केवल व्यावसायिक पत्रिकाओं को कोसते रहना, चन्द अश्लील समझे जाने वाले शब्द छाप लेना, पश्चिम के वीटनिकों और हिप्पियों के देसी नमूने प्रस्तुत कर देना और प्रतिभाहीनता को लम्बे-चौड़े वक्तव्यों से ढँक देना ही काफी नहीं है। हम समझते हैं कि अगर विभिन्न लघु-पत्रिकाएँ समान सामाजिक और साहित्यिक चिन्तन के आधार पर नये सिरे से संगठित हों, तो वे साहित्य में अपनी भूमिका का निर्वाह अधिक दक्षता से कर सकेंगी। आज की सैकड़ों लघु-पत्रिकाओं की जगह साहित्यिक-सामाजिक मान्यताओं के आधार पर पाँच-दस अच्छी लघु-पत्रिकाएँ निकलें तो उनमें लेखकों के वक्तव्यों और पत्रों के

अतिरिक्त भी कुछ छापा जा सके। साहित्य जगत् में उनकी भी वह महत्ता हो, जो कभी 'हंस' और 'प्रतीक' की थी। लघु-पत्रिकाएँ अगर अपने साहित्यिक स्तर और सामाजिक स्तर से बेखबर रहकर इसी तरह केवल शोर मचाती रहीं तो यह मानने को मजबूर होना पड़ेगा कि व्यावसायिकता और प्रचार के ये विरोधी वास्तव में साहित्य को व्यक्तिगत आकांक्षा से व्यापार और आत्म-प्रचार की विधा मानते हैं—यानी स्वयं शुद्ध व्यावसायिक दृष्टि वाले हैं। हमें विश्वास है कि हमारे नये साहित्यकार छोटी पत्रिकाओं को इन बड़ी विडम्बनाओं का शिकार होने से बचायेंगे।

□□